I0438425

Hipérbola Janus

Claudio Mutti

Democracia y talasocracia

Antología de ensayos geopolíticos

Prólogo por
Francisco de la Torre

Traducción por
Ángel Fernández Fernández

Democracia y talasocracia
Antología de ensayos geopolíticos

Título original: *Democrazia e talassocrazia. Saggi di analisi geopolitica* - Effepi
© Claudio Mutti, Parma, 2014

Copyright © de la traducción: Ángel Fernández Fernández

© 2017, Hipérbola Janus - Todos los derechos reservados

🌐 www.hiperbolajanus.com
✉ hiperbolajanus@gmail.com
🐦 @HiperbolaJanus
𝕗 HiperbolaJanus

Primera edición: julio 2017
ISBN–13: 978–1548591922

Diseño de portada: Miguel Ángel Sánchez López | Maquetación: Ángel Fernández Fernández | Revisión: Claudio Mutti

Ejemplar impreso bajo demanda.

Hipérbola Janus no comparte necesariamente las opiniones vertidas por el autor ni se responsabiliza de las interpretaciones que puedan derivarse de las mismas. Los editores condenamos todo tipo de discriminación y persecución por razones de raza, sexo, religión o cualquier otro motivo.

Este libro se ha desarrollado íntegramente con software libre de código abierto.

Índice general

Prólogo

Por Francisco de la Torre

Esparta no ambicionó labrar la piedra, sino su alma. Quienes denigran a Esparta olvidan que fascinó a las más nobles inteligencias de Atenas.

Nicolás Gómez Dávila

VERDAD es que el título de esta obra llama la atención, a primera vista, por el inusual planteamiento frente al sinnúmero de tratados «oficiales» y «técnicos» sobre geopolítica que han aflorado en estos últimos años —la mayoría de dudosa calidad— en el ámbito de la lengua castellana, por un lado obras de divulgación editadas por Institutos o Centros de Estudios gubernamentales, pero inspirados, o mejor dicho, financiados por conocidas ONGs, correas de transmisión de importantes *think tanks* norteamericanos y europeos; por otro, estudios generados principalmente en ámbitos universitarios, habitualmente enmarcados en lo que generalmente se conoce como geopolítica *crítica*, es decir, otro de los tentáculos de la concepción talasocrática. Para mayor confusión, algunos escritos son presentados como geopolíticos, cuando no son sino simples especializaciones de sus aspectos auxiliares, sean éstos: geográficos, políticos, sobre relaciones internacionales, recursos naturales, ecología, planificación y estrategia, atisbos de geoeconomía, etc.; pero vistas en conjunto todas las tendencias antes mencionadas, parecería que son el producto de la diversidad y del debate, pero en el fondo son parte de una estrategia milenaria muy meditada, en la que interactúan todas ellas para alcanzar un mismo objetivo: imponer una *representación del mundo* totalmente falseada y fragmentada —siendo una de las más conocidas el *choque de civilizaciones* de Huntington—, es decir, planteamientos que sustentan y promueven la imposición global del ordenamiento (*nomos*) de la potencia talasocrática mediante una *geopolítica del caos*, que consiste en la destrucción de toda tradición religiosa, cultural y política (las naciones, los estados y sus instituciones), sea por operaciones bélicas como aconteció en Yugoeslavia, Iraq, Libia y ahora en Siria o, con la ayuda de maniobras desestabilizadoras tales como las *revoluciones coloradas* en Europa del este y las *revoluciones árabes*, o lo que acontece actualmente en Venezuela, a través de la interacción de guerras mediáticas y económicas; sin olvidarnos de la invasión migratoria que sufre Europa, edulcorada con discursos humanitarios y ecumenistas.

He aquí que para contrarrestar este monopolio ideológico conquistado por el atlantismo, nace Hipérbola Janus, joven y valiente editorial, inspirada —como su mismo nombre lo indica— en la más alta tradición europea, con una fuerte reverberación de la tradición romana, explicada por sus distinguidos y entusiastas directores: en definitiva, el Dios Jano representa la idea de totalidad, la encarnación de lo Absoluto a través de un simbolismo que es capaz de abarcar todos los estadios de la vida, los desarrollos ulteriores de toda existencia personal, colectiva o de los ciclos naturales, atrapando bajo su égida el sentido de lo cósmico y lo universal, y la esencia de todo aquello que depende y está sujeto a ese Orden[1]. Justamente en tal tradición encontramos en una forma patente ese vínculo natural entre lo numinoso y las instituciones políticas, el descenso de lo sacro en las fundaciones de ciudades por medio de sus ritos, el ordenamiento de un espacio mostrenco y la configuración de un *limes* que sea un reflejo de esa totalidad originaria mencionada en el párrafo citado, o en otras palabras, este *totum* y su dinamismo

---

[1]`www.hiperbolajanus.com/2014/12/jano-sentido-absoluto.html`

interior que se propaga dentro de las realidades humanas y se revela también en las fronteras, en los límites, al convertirse estos últimos no solo en custodios de lo sacro, sino de todo verdadero *nomos* y sus comunidades políticas.

En esta búsqueda, en este bregar de nuestros amigos españoles por difundir un pensamiento alternativo, nos han provisto de obras excepcionales, tanto en el orden del espíritu como en el político, permitiéndonos acercarnos a concepciones relegadas o silenciadas por el Sistema, al ser portadoras de contenidos de veras renovadores y fecundos, que posibilitan un «nuevo» pensar y la apertura hacia nuevos horizontes, en este caso, principalmente en el ámbito de la geopolítica, que como vimos anteriormente, ha sido distorsionada hábilmente, ya que lo que se conoce como tal, utiliza los mismos términos de esta disciplina pero los vacía de sus significados primigenios; pues la geopolítica es un conocimiento constructivo, holístico, reordenante y regenerativo para la pervivencia y fortalecimiento de los estados y naciones, un arte que busca desentrañar la esencia de las tensiones histórico-políticas para poder orientarlas de la mejor manera, y finalmente, despertar la conciencia humanística del ser humano, en el sentido clásico por supuesto, antagónico a toda esa confusión impuesta por la disolvente pseudoreligión *derechohumanitarista* hoy en boga.

En este derrotero afincado en la verdadera *humanitas*, se enmarca *Democracia y Talasocracia*, una compilación de ensayos y editoriales publicados en la revista italiana de estudios geopolíticos «Eurasia», bajo la pluma de su actual director, el profesor Claudio Mutti, quien a través de estos escritos invita al lector propiamente a un viaje para penetrar en el «secreto» de la geopolítica, en sus principios fundacionales y su despliegue histórico, y desde el principio al fin, nos estimula a meditar sobre las instalaciones políticas concretas y su estrecha relación con la geografía, en otras palabras, en el corazón mismo de la realidad; posteriormente, como una especie de ascenso en este itinerario educativo, una verdadera *paideia*, procura que brote en nuestro interior la capacidad para captar lo que los alemanes designan como espíritu del tiempo (*zeitgeist*), como una lumbre para contrarrestar las densas nieblas mundialistas que nos acechan. Dicho secreto, además, que nos confronta en cada etapa histórica, es también, y sobre todo, un misterio de cambio, de transformación, una especie de *solve et coagula* alquímico, que nuestro autor va deshilvanando —con una pericia inigualable— el substrato histórico-político no solo de las naciones europeas sino también de la iraní, la kazaja y la turca, resaltando las afinidades y el común destino de las naciones euroasiáticas, pero más que todo, de una manera transversal e implícita, apelando a la sapiencia de un Polibio y su concepción denominada *anakyklosis*, la que describe los ciclos históricos de las distintos regímenes políticos y la perduración del Estado; pero alertando también el peligro latente en este proceso recurrente, la posibilidad que se manifiesten las respectivas enfermedades de estas formas de gobierno y corrompan y, posteriormente, disuelvan las distintas comunidades nacionales.

Antes de continuar esta presentación, nos parece primordial dar a conocer algunos rasgos de la notable trayectoria del profesor Claudio Mutti, hasta ahora poco conocido en el mundo de habla hispana. Hasta la fecha, solo uno de sus libros ha sido publicado en español: Mircea Eliade y la Guardia de Hierro, en la editorial barcelonesa Ediciones Nueva República. En la revista chilena *Ciudad de los Césares* se ha difundido varios de sus artículos y, de igual forma, en algunos blogs en castellano circulan una mínima parte de sus escritos, pero suficientes para atrevernos a decir que ha sido «descubierto» en los ambientes de política y cultura alternativa de España e Hispanoamérica.

Nace en Parma, y desde muy joven se adhiere a la sección italiana de la *Joven Europa*, movimiento dirigido por el belga Jean Thiriart, donde empieza a beber las fuentes del pensamiento geopolítico clásico, la diferencia paradigmática entre Roma y Cartago, las desorientaciones inherentes al eurocentrismo y esa *impostura llamada Occidente* (Thiriart), también la corriente llamada «nacionalbolchevique» y las realidades de los Países no Alineados, advirtiendo la existencia de otras «terceras vías» anticolonialistas, igual de dignas que las nacidas en Europa y que le confirman la inutilidad de las etiquetas derecha e izquierda a la hora de analizar la realidad política de posguerra.

Su militancia política se enmarca en lo que se conoce como movimientos nacional-revolucionarios, o de una manera más radical, nacionalcomunistas, para horror de la *destra* italiana, ya en ese entonces alineada completamente con el atlantismo. Sus órganos de difusión principales fueron las revistas *Orion y Origini*, y alcanzaron a principios de los noventas una amplia resonancia continental, especialmente en tierras rusas, al ser invitado junto con Carlo Terraciano y Marco Batarra, editores de Orion, al *Congreso de Pueblos Ofendidos contra el Nuevo Orden Mundial*, realizado en Moscú, en 1993, organizado por el *Frente de Salvación Nacional*, liderados por Ziugánov (líder del Partido Comunista de la Federación Rusa), Volodin , Prokhanov y Duguin; lo que dio pábulo a la prensa italiana para difundir una supuesta amenaza rojo-parda que pendía sobre Europa y, más aún, cuando el profesor Mutti editó el libro de Ziugánov: *Stato e Potenza*.

Es necesario destacar también su actividad profesional de editor, al comienzo con su colaboración en la mítica *Edizioni di Ar* de Franco Freda para luego fundar su propia editorial: *Edizioni all'insegna del Veltro*, de clara reminiscencia dantesca y escatológica, que ha puesto a disposición autores pertenecientes a diferentes escuelas y tendencias pero fundamentales para toda persona que se precie de mantener una actitud inconformista frente a la decadencia imperante. Obras especializadas en la Tradición de inspiración guenoniana y evoliana, en la sabiduría griega y romana, folclore europeo, revisionismo, medioevo, política del medio Oriente, filosofía, etc., y desde hace unos años, enfocándose en geopolítica, recuperando los textos clásicos y asimismo análisis de actualidad. Íntimamente relacionado con esta tarea, ha desempeñado una importantísima faceta de traductor al italiano de pensadores tradicionales rumanos: Vasile Lovinescu, Dan Stanca, Tamas y la mayor parte de la obra de Michel Valsan, y del húngaro Bela Hamvas, casi desconocidos (a excepción de Valsan) dentro del ambiente tradicional europeo.

Esta «facilidad» para la traducción se debe a que el profesor

Mutti es un versado políglota, pues por muchos años ha sido maestro de griego y latín, y se ha especializado en lenguas ugrofinesas, además domina el alemán, el francés y el rumano, y sumada a su vasta cultura, no tenemos duda de estar frente a un verdadero humanista, uno de los últimos representantes del auténtico espíritu de Europa.

Puede parecer paradójico, pero una vez más se demuestra que los caminos del espíritu son insondables, pues en una de sus entrevistas señala que uno de los dirigentes de la *Joven Europa* fue quien le introdujo al pensamiento de Julius Evola al facilitarle la *Rebelión contra el mundo moderno*, obra que le dotará de una cosmovisión espiritual y será solo el inicio para convertirse en uno de los más distinguidos pensadores tradicionales, justificando esta aseveración mediante sus obras, en las que se destacan: *Eliade, Valsan; Geticus e Gli Altri*, un profundo estudio sobre la recepción de Guénon en Rumania; en el campo del simbolismo: *Simbolismo e arte sacra; Pittura e alchimia*, etc.; sobre Evola y sus actividades en la Europa del Este: *Julius Evola sul fronte dell'Est*; y recientemente dos libros bellamente editados: *Il linguaggio segreto dell'Antelami* y *Simboli dell'Impero* en las que se ratifica el profundo conocimiento de las doctrinas tradicionales por nuestro autor y la sensibilidad para exponer la doctrina integral del Imperio, donde demuestra que su objetivo no era solo de orden político sino una vía espiritual ajena a la aportada por la Iglesia católica.

A más de las anteriores obras y otras no citadas, se debe añadir una larga lista de artículos publicados en las más prestigiosas revistas europeas de carácter tradicional, y para interés del público español, vale aludir a una valiosa polémica suscitada hace más de treinta años en la revista italiana Heliodromos entre Claudio Mutti y Antonio Medrano, sobre la búsqueda de la mejor vía tradicional como sustento para una acción política en occidente, la que esperamos algún día traducir.

No obstante, su competencia no se limita a la esfera tradicional, reconocidos son sus estudios sobre escritores de la talla de los rumanos Eliade, Cioran, Noica, Codreanu, de igual modo los dedicados a la mayoría de autores de la llamada Revolución Conservadora, como Spengler, Spann, Drieu La Rochelle, Schmitt, Sombart, etc., sin dejar de lado a un Corbin, Altheim, Tucci, el ayatola Jomeini, Nasser, Leontiev y los intelectuales rusos de la corriente eurasianista de la década de los años veinte y la actual, liderada por Aleksandr Duguin.

Sobresale en *Democracia y Talasocracia* su dominio de lo más ilustre del pensamiento greco-romano, de connotados filósofos, filólogos, poetas, historiadores, etc. y, como no podía ser de otra manera, de los principales representantes de la geopolítica clásica y contemporánea, y demás destacados geoestrategas de actualidad.

Pero lo llamativo es la descripción de los orígenes de la geopolítica, ese pasaje de la existencia telúrica a una marítima ya visible en la época de Pericles, y la consecuencia en el orden político y militar, la destrucción del ligamen entre la *polis* y su ejército, en general, el decaimiento del *ethos*civil en la civilización ática, ya que la democracia es producto del triunfo de la concepción talasocrática según Platón, Aristóteles, Isócrates, etc., cuyo efecto es el aparecimiento de la tendencia individualista para romper el equilibrio social y deshacer los lazos comunitarios para beneficio de las oligarquías mercantiles.

De aquí parte la dicotomía milenaria en la que se sustenta la geopolítica clásica, la confrontación elemental tierra/mar, bellamente expuesta por Carl Schmitt en su reconocida obra de similar título[2], que se produce entre estados e imperios que se fundamentan sobre el poder terrestre(telurocracia) y los que gravitan alrededor del poder marítimo (talasocracia); y vale insistir en que estos dos conceptos no solo representan diferencias en sus connotaciones geográficas y estratégicas, sino, principalmente, distintas cosmovisiones y «estilos de vida», que luego se reflejan en la manera de concebir la religión y la cultura, los ordenamientos políticos y económicos, las ciencias, la situación del hombre frente a la naturaleza, etc.

Frente al peligro que representa hoy el imperialismo norteameri-

---

[2]Cfr. *Tierra y Mar*. Una reflexión sobre la historia universal. Editorial Trotta. Madrid. 2007.

cano, la potencia talasocrática por antonomasia, con sus guerras de
destrucción planetarias, su función de palanca para la instauración
del reino de la crematística, de la decadencia y el desarraigo, de
la muerte de todo *sensus*lingüístico, viva expresión de la *hybris*(la
prepotencia o desmesura en todos los ámbitos de la actividad humana), el libro que presentamos es un llamado a la resistencia a
este proyecto esclavizador —de aniquilación de toda nación justa
y soberana— mediante el conocimiento de los principios de la geopolítica, pues esta ciencia es *la llamada a custodiar la Conciencia
terrígena del hombre*(Disandro).

Quito (Ecuador), 28 de junio del 2017

Francisco José de la Torre Freire

Nacido en Quito (1965), economista (Pontificia Universidad Católica del Ecuador) y egresado de la maestría en Administración de
Empresas (Universidad Andina Simón Bolívar). Profesional vinculado al sector textil. Colabora con la Revista chilena *Ciudad de los
Césares*, la revista argentina *El Pampero Americano* y la revista
italiana *Eurasia*.

Capítulo I

Los bloques geopolíticos en la Grecia del siglo V a.C.

En 1961, en un periodo en el cual las relaciones entre los Estados Unidos y la Francia gaullista eran complicadas, se requirió al profesor John H. Finley Jr. que proporcionase al presidente Kennedy una pieza de Tucídides concerniente a las dificultades que, en ocasiones, surgen en las relaciones entre aliados. Finley señaló este pasaje, en el cual los corintios acusan a sus aliados espartanos de haber permitido a Atenas someter a las ciudades griegas al propio dominio: «De todo aquello los responsables sois vosotros, ante todo porque, al término de las guerras persas, habéis dejado que ellos reforzasen su ciudad y que levantasen largas murallas (que hacían de Atenas una ciudad inexpugnable, al conectarla con el Pireo y con Falero); y porque hasta hoy habéis privado de libertad no sólo a aquellos a los que han reducido a la servidumbre, sino también a vuestros aliados. El verdadero responsable de aquello, de hecho, no es quien ha esclavizado a otro, sino quien, pudiéndolo impedir, deja hacer, también a costa de perder la fama de liberador de Grecia». (I,69,1) — en cuanto habían sido los Espartanos quienes guiaron a los Griegos contra los Persas. «Es realmente cierto —comenta a tal propósito un estudioso italiano retomando la célebre expresión que se encuentra en la parte introductiva de las *Historias* (I,22,4)—

1

que la obra de Tucídides es *ktêma es aiei*[3], o sea, una adquisición perenne, más que un fragmento de habilidad compuesto por el éxito inmediato (*agónisma es tô parachrêma akoúein*). Pero al margen de la anécdota habría sido posible observar que, si en general *omnis comparatio claudicat*, la implícita analogía establecida por el profesor Finley entre la Liga del Peloponeso y la Alianza Atlántica resultaba, más que coja, grotescamente amputada y lisiada; y esto por varios motivos, que son demasiado evidentes para que deban ser precisados.

Treinta años más tarde, mientras se producía el colapso de la Unión Soviética, fueron publicados entre Estados Unidos e Inglaterra las actas de un convenio de historiadores y politólogos europeos y americanos, el cual se había desarrollado en 1988 en Cadenabbia y había tenido como título: «Rivalidad hegemónica: Atenas y Esparta, los Estados Unidos y la Unión Soviética[4]». Tucídides era nuevamente evocado, pero esta vez como el testimonio de un bipolarismo y un enfrentamiento entre bloques militares que, después de haberse manifestado en la Grecia del siglo V a.C, se había representado, *mutatis mutandis*, en el siglo XX: *From Thucydides to the Nuclear Age* era precisamente el subtítulo de las Actas.

Un ulterior uso político de Tucídides fue realizado en el año 2003 por parte de los autores del borrador del preámbulo de la llamada «constitución europea», los cuales, queriendo imprimir sobre el actual sistema democrático la prestigiosa marca de origen ateniense, habían relacionado de la siguiente forma las palabras del célebre epitafio con el cual Pericles define el ordenamiento político de Atenas: «Nuestra Constitución es llamada democracia porque el poder está en las manos no de una minoría sino de la totalidad del pueblo» (II, 37,1). Como ha señalado Luciano Canfora, se trata de «una falsificación (y de una) "bajeza" filológica[5]», porque en realidad el Pericles «tucídideo», consciente de la acepción negativa del término

---

[3]G. Donini, *Introduzione a: Tucidide, Le Storie*, UTET, Turín, 1982, p. 64

[4]R.N. Lebow y B.S Strauss (editado por), *Hegemonic Rivalry, from Thucydides to the nuclear age*, Boulder — San Francisco — Oxford, 1991.

[5]L. Canfora, *La democrazia, Storia di un'ideologia*, Laterza, Roma-Bari, 2004, p. 12.

democracia, que reclama el predominio (*krátos*), violento y liberticida de la masa del vulgo (*dêmos*), toma las distancias respecto a éste y redimensiona el alcance, diciendo sustancialmente: «Se usa la palabra democracia para definir nuestro sistema político simplemente porque solemos referirnos al criterio de la "mayoría", pero sin embargo lo que existe para nosotros es la libertad[6]».

La oposición entre democracia y libertad, que emerge de la segunda *demegoria* de Pericles, representó, por otra parte, el componente «ideológico» del choque entre los dos bloques: aquel guiado por Atenas, punto de referencia de las facciones democráticas griegas, y aquel conducido por Esparta, garante de la libertad de las *póleis*.

Al final de las guerras médicas Atenas y Esparta ya no eran dos potencias regionales, pero se encontraban en el centro de un tablero estratégico que coincidía con la parte oriental del Mediterráneo. Mientras la aristocrática Esparta limitaba sus objetivos al mantenimiento de la propia hegemonía en el Peloponeso y a la conservación del equilibrio en Grecia, la presión de los intereses manufactureros y comerciales que sustanciaban el sistema democrático condujeron a Atenas a una política agresiva de expansión[7].

Dos años después de la batalla de Mícala, que en el 479 a.C había marcado el fin de las operaciones militares de la Segunda Guerra Médica, fue constituida por iniciativa de Atenas una Anfictionía[8] que pasó a la historia como la Liga délico-ática o Liga de Delos: fue llamada así, porque en la isla de las Cícladas en la que había tenido lugar el nacimiento de Apolo y Artemisa se celebraba anualmente la

---

[6]L. Canfora, op.cit., 13.

[7]Sobre la relación existente entre intereses económicos, democracia e imperialismo marítimo, cfr. Anónimo, *Democrazia e talassocrazia*, editado por Claudio Mutti, «Eurasia», 3/2005.

[8]En Grecia se llamó Anfictionía (*amfiktyonía, amfiktyoneía*) a toda forma de confederación que agrupase a un cierto número de ciudades vecinas: «Una liga sagrada entre pueblos que habitan un mismo espacio geográfico coherente, que carecen de otros motivos para tener un centro sagrado único». (D. Musti, *Storia Greca*, Laterza, Roma-Bari, p. 157). Sobre Anfictionías y las alianzas en el mundo griego arcaico, cfr., K. Tausend, *Amphiktyonie und Symmachie. Formen zwischenstaatlicher Beziehungen im archaischen Griechenland*, Stuttgart, 1992.

asamblea federal. Además, en el santuario de Apolo, eran custodiados los fondos de la alianza por unos tesoreros atenienses llamados Helenotamías («administradores de Grecia»).

El nacimiento de una alianza militar anti-persa sometida a la dirección de Atenas fue favorecida por la conducta del rey espartano Pausanias, el cual, encargado de guiar a una flota griega contra Bizancio, provocó el descontento tanto en los aliados (por su personalismo) como entre sus propios conciudadanos (porque trataba de instaurar la hegemonía lacedemonia, la cual contrastaba con la política puramente peloponesia de Esparta).

Las ciudades que suscribieron el nuevo pacto federativo se esforzaron entonces en contribuir a la defensa común con naves y soldados; alternativamente, podían pagar un tributo anual, fijado por Arístides en 460 talentos: una cifra que en su suma total era inferior a aquella que habría sido requerida en la preparación de las naves. Atenas, Quíos, Samos y Lesbos prepararon trirremes; las ciudades de Asia Menor, de las Cícladas y de Eubea contribuyeron con sumas de dinero. Haciendo uso del fondo común, Atenas organizó, embarcando remeros atenienses, una fuerza naval propia, que rápidamente representó la mitad de toda la flota délico-ática. De tal forma las relaciones de fuerza en el interior de la Anfictionía se vieron desequilibradas a favor de Atenas, la cual asumió el mando de la Liga y transformó sus objetivos.

Cuando la guía de la política ateniense pasó a las manos de Cimón, exponente de los grandes y medianos terratenientes y partidario del equilibrio entre Atenas y Esparta (los dos caballos del carruaje bipolar griego, según una metáfora), la Liga de Delos llegó a un punto de inflexión: los atenienses conquistaron Bizancio incorporando a la Liga a casi todas las islas del Egeo y a las ciudades de Asia Menor; penetraron en el Quersoneso tracio fundando Anfípolis, suprimiendo la piratería de los dolopios, ocupando y colonizando la isla de Esciros y derrotando a los Persas en la batalla por tierra y mar de Eurimedonte (466 a.C).

Una vez expulsados los Persas del Egeo y de Asia Menor, el objetivo oficial de la Liga de Delos se había agotado. Al menos así pensaron los aliados de Atenas; y así, en honor a la verdad, pensaba también Cimón, que renunció a toda idea de penetración en el Mediterráneo sur-oriental, dejando Chipre, Siria y Egipto en posesión del Gran Rey. Pero Cimón pagó con el exilio (461 a.C) su moderación, que, entre otras cosas, lo había inducido a no atacar a Macedonia tras haber sometido a Taso, una isla del Egeo que había abandonado la Liga.

Caída en las manos de los radicales, Atenas no sólo no quiso disolver la Liga, sino que pretendió que los aliados continuasen pagando los tributos y preparando las tropas necesarias para el programa de rearme. Bajo la guía de Efialtes, Atenas reforzó la democracia y se orientó hacia posiciones decididamente hostiles respecto a Esparta en su política exterior, denunciando el acuerdo defensivo que desde hacía 30 años unía a las dos ciudades y aliándose con la anti-espartana Argos. Más allá de esto, el nuevo gobierno llevó a cabo injerencias en la vida interna de las ciudades aliadas, obligándoles a modificar el sentido democrático de sus ordenamientos políticos.

En el contexto de una política que trataba de extender la hegemonía ateniense, Pericles mandó un cuerpo expedicionario a Egipto, para apoyar una revuelta anti-persa; pero la empresa fracasó estrepitosamente, porque el contingente militar ateniense fue atrapado y liquidado (454 a.C). Aduciendo el pretexto de que tras el desastre egipcio el Egeo ya no podía ser considerado un mar totalmente seguro, los atenienses transfirieron a su ciudad el tesoro común de la Liga y abolieron la asamblea federal.

Queriendo extender la propia hegemonía también en dirección a Levante, Atenas envió una flota de doscientos navíos a Chipre, y desde Chipre sobre la costa sirio-palestina, donde llegó a paralizar la marina de los Fenicios y, probablemente, incluyó en su área de influencia a Panfilia y una parte de la Cilicia.

«Para Atenas como para sus aliados la apertura del mercado chipriota, y en particular aquel egipcio, representaba un gran beneficio comercial. Chipre podía producir cobre, hierro y madera, pero Egipto era el "granero" de Grecia, gracias a su producción anual de cereales, sobre el cual podía tener mayor confianza que sobre aquella de Escitia (la moderna Rusia meridional), sujeta al peligro de las carestías; también la región del Nilo representaba, con su demanda de aceite, vino y productos artísticos griegos, un excelente socio comercial. Para Atenas, que ahora podía actuar de intermediaria y tenía la posibilidad de concentrar en el Pireo gran parte del comercio del Mediterráneo oriental, la expansión ática significaba una fuente de nuevas riquezas[9]».

Gracias a Cimón, que fue reclamado por la patria, Atenas pudo concluir una tregua quinquenal con Esparta (451 a.C) y dedicarse a las operaciones contra Persia. Una vez conseguida una victoria naval en las aguas de Chipre y estipulada la paz de Callia (449 a.C), los atenienses obtuvieron de los persas el reconocimiento de su hegemonía sobre el Egeo y sobre las costas de Asia. Un reconocimiento análogo vino también de los Espartanos, con los cuales Pericles acordó una paz treintenal (446 a.C).

Habiendo fracasado de tal modo la originaria razón de ser de la Liga de Delos, los aliados no aceptaron continuar pagando los tributos al tesoro federal o mandar sus naves con la flota ateniense. Incluso Atenas fue quien propuso que la Liga debía ser disuelta y las contribuciones restituidas a las *póleis* aliadas. Pero «Atenas no podía dar marcha atrás, más de lo que la mayor parte de los ingleses sienten poder dejar la India[10]», y por eso decidió transformar la Liga de alianza defensiva anti-persa en un instrumento al servicio de su hegemonía en el Egeo. Se hacía necesaria una nueva doctrina, apta para justificar una relación que nadie podía considerar seriamente como una alianza normal (una *symmachia*), sino que era, inequívocamente, un predominio (una *arché*) político, militar y económico. Al declarar oficialmente tal doctrina y al encontrar los motivos para la creación de una nueva Liga panhelénica fue Pericles, quien desde el 443 fue elegido, de forma ininterrumpida, como estratega hasta su muerte. Sus *demegorias*, dictadas por Tucídides, «atestiguan claramente la atmósfera de crítica, ya sea de parte enemiga como de la oposición interna (los "oligarcas" filo-espartanos), contra la teoría

---

[9]F. Shachermeyer, *Pericle, Il giornale*, Milán, 1985, pp. 48-49.

[10]A. Zimmern, *Il Commonwealth greco*, Il Saggiatore, Milán, 1967, p. 164.

y la praxis del imperialismo ateniense. Pericles se jacta del hecho de que Atenas, ciudad superior a las demás en cuanto a cultura y en régimen político, domina sobre gran parte de los griegos (...) Sin embargo no faltan expresiones de inseguridad y mala conciencia en los discursos de Pericles. El imperio es un instrumento de guerra, y al mismo tiempo es un fin en sí mismo. Atenas necesita el imperio para vencer al enemigo, pero también para mantener aquel nivel de vida democrática que constituye su mayor orgullo[11]».

Mientras, en Beocia, en Megara, en Eubea y en las islas sujetas al poder de Atenas, se multiplicaban las tendencias independentistas y las demandas de ayuda a Esparta, Pericles emprendió una verdadera y justa «reconstrucción forzada de la Liga[12]», obligando por la fuerza a permanecer en ella a las *póleis* que habían querido abandonarla. Por otra parte, los métodos coercitivos ya habían sido aplicados frente a las ciudades reticentes a unirse a la Liga. Entre el 474 y el 472 había sido librada una guerra contra Caristo, que a diferencia del resto de Eubea no había querido entrar en la alianza directa con Atenas. Entre el 469 y el 467 Naxos había sido asediada y conquistada. En el 463 Cimón había sofocado la revuelta de Tasos. En el 446/445 los istios, en Eubea, fueron expulsados de su ciudad. En el 440 Pericles envió a Sófocles contra Samos, que se negó a poner su flota a disposición de Atenas. Al comienzo de la guerra del Peloponeso, los eginetas fueron expulsados de su patria; refugiándose en Tirea, entre Laconia y la Argólida, se vieron derrotados por los atenienses y los supervivientes fueron capturados y conducidos a Atenas. En el 427, cuando el conflicto alcanzaba ya el cuarto año, Mitilene querrá escapar a la hegemonía ateniense, pero Cleón enviará la marina de guerra sobre las aguas de Lesbos para sofocar la rebelión. En el 421/420 los habitantes de Escíone y Torone, en la península Calcídica, fueron asesinados.

Bajo la lógica bipolar vinculada al choque entre los dos bloques

---

[11]D. Asheri, *Lotte per l'egemonia e l'indipendenza nel V e IV secolo a.C*, en: S. Settis (editado por), *I Greci, Storia, Cultura, Arte, Società 2. Una storia greca, II Definizione*, Einaudi, Turín, 1997, pp. 178-179.

[12]M. A. Levi, *Il senso della storia greca*, Rusconi, Milán, 1979, p. 171.

contrapuestos de la Liga de Delos y de la Liga del Peloponeso, la neutralidad era imposible. «En el siglo V casi todas las ciudades-estado, monarquías y áreas tribales se vieron obligadas, antes o después, a alinearse con una de las dos superpotencias. Los pocos que intentaban "hacerse a un lado", "eliminarse de la contienda", o "permanecer tranquilos" —a saber, mantenerse neutrales— eran acusados generalmente de hacer el juego del enemigo, o de dar ejemplo de vil indiferencia ante un conflicto que también es moral e ideológico[13]». Tal fue la culpa de los habitantes de Melos, los cuales, habiendo elegido la no beligerancia con el estallido del conflicto, fueron víctimas de la política ateniense, que «no toleraba la neutralidad como conducta posible en su propia área de influencia (las islas[14])», y así, narra Tucídides, los atenienses «asesinaron a todos los melenses adultos que capturaron; redujeron a la esclavitud a los niños y a las mujeres. El territorio lo habitaron ellos, mediante el envío de 500 colonos» (V, 116, 4).

Poco más de diez años más tarde, en el 404 a.C, la democracia ateniense recogió los frutos de su expansionismo. Cuando llegó a la ciudad la noticia de que en Egospótamos los atenienses habían sido derrotados —relata Jenofonte, continuador de Tucídides— todos «creían que no se habría producido fuga alguna y habrían debido sufrir aquella misma suerte que ellos habían infligido injustamente a los habitantes de las ciudades pequeñas, y no porque hubiesen sido provocados por ellas, sino por deseo de oprimir (*dià tén hybrin*), sin ningún otro motivo que su alianza con aquellos (con los espartanos)» (*Helénicas*, II, 2, 10). El temor era fundado, porque entre los representantes de las ciudades adheridas a la Liga del Peloponeso fueron varias, Corintios y Tebanos a la cabeza, los que sostuvieron la tesis según la cual Atenas debía ser arrasada. Gracias a Esparta, esto no sucedió; pero cuando Lisandro entró en el Pireo, los enemigos de la democracia volvieron a entrar en la ciudad y las largas murallas fueron derribadas al son alegre de las flautas, entre el entusiasmo

---

[13]D. Asheri, op. cit., p. 179.

[14]L. Canfora, *Introduzione a: Tucidide, Il dialogo dei Melii e degli Ateniesi*, Padua, 1991, p. 19.

general, eran muchos los que pensaban que "aquel día marcaba para Grecia el inicio de la libertad"» (*Helénicas*, II, 2, 23).

Capítulo II

Democracia y talasocracia. La «Constitución» de Atenas

Una falsificación democrática

Luciano Canfora ha mostrado como el borrador del preámbulo de la Constitución europea (difundido el 28 de mayo de 2003) contenía una «falsificación» y una «bajeza filológica» allí donde ésta citaba las palabras del epitafio de Pericles de la siguiente manera:

«Nuestra Constitución es llamada democracia porque el poder está en las manos no de una minoría, sino del pueblo entero».

En realidad, objeta Canfora, el discurso atribuido por Tucídides a Pericles en el II, 37 tiene un sentido bien diferente, formulable en los siguientes términos: «La palabra que adoptamos para definir a nuestro sistema político (obviamente es moderno y equivocado otorgar a la palabra *politèia* el significado de "constitución") es democracia por el hecho de que, en la administración (la palabra adoptada es precisamente *oikeîn*), se califica como tal no respecto a unos pocos, sino en relación a la mayoría (de modo que no tiene que ver con el "poder", y mucho menos con el "pueblo entero")[15]».

---

[15]L. Canfora, *La democrazia, storia di un'ideologia*. Laterza, Bari, 2004, pp.11-13.

Integrando esta frase en las sucesivas palabras de Pericles («No obstante, en las controversias privadas atribuimos a cada uno el mismo peso y, sin embargo, en nuestra vida pública existe la libertad»), Canfora muestra como Pericles toma distancias respecto a la *demokratia* y al significado de «sistema liberticida», que tal término reviste para los griegos. «Se puede adulterar cuanto se quiera —concluye el filólogo— pero lo sustancial es que Pericles pone en antítesis "democracia" y "libertad"».

Si queremos ser precisos, sin embargo, la versión del pasaje tucidídeo propuesto por los «padres constituyentes» de la Unión Europea no contiene una sola falsificación, sino dos. La primera, sobre la cual se emplea de forma despiadada y escrupulosa Canfora, es aquella que deforma el significado de la democracia entendiéndola como el poder del «pueblo entero», mientras que la versión de Tucídides dice, textualmente, que en un sistema político tal, el Estado es administrado en el interés de la «mayoría» (*es pleíonas*). La otra falsificación, sintéticamente denunciada en el primer paréntesis, consiste en la traducción de *politeia* como «Constitución». De hecho, en italiano y en otras lenguas de la Unión Europea, Constitución y los vocablos correspondientes designan la ley fundamental de un Estado de derecho, mientras que en griego el término *politeia* servía, por un lado, para «indicar la condición de ciudadano, la ciudadanía y, por otro lado, cubría un campo semántico más amplio, ya fuese de "constitución" como de "ciudadanía"[16]». Tucídides, en este caso, utiliza *politeia* en la acepción genérica de «régimen político y forma de gobierno[17]» de una polis.

En el libro III de la Política, Aristóteles llama *politeia* «al ordenamiento (*táxis*) de las diferentes magistraturas (*archaí*) de una polis, y especialmente de aquella (magistratura) que tiene el poder soberano[18]». Entonces, examinando los diversos regímenes políticos, distingue tres formas correctas: La *basileía* (la monarquía que tiene

---

[16]P. Cartledge, *La política* en: VV.AA; *I Greci, Storia, Cultura, Arte. Società.* Edición de S. Settis, Vol. I, *Noi e i Greci*, Einaudi, Turín, 1996, p. 57.

[17]F. Montanari, *Vocabolario della lingua greca.* Loescher, Turín, 2004, p.1711.

[18]Aristóteles, *Política*, III, 6, 1.

como fin el bien común), la *aristokratía* (el gobierno de los mejores o el gobierno que entiende realizar aquello que es mejor para los ciudadanos) y, precisamente, la *politeia* (el ordenamiento político por excelencia: aquel en el cual el pueblo gobierna la polis en vistas del bien común). A estos tres tipos «buenos» corresponden igualmente desviaciones (*parekbáseis*); la tiranía, la oligarquía y la democracia.

Aristóteles: cómo nació la democracia ateniense

Bajo el título de *Politeíai* circuló en la Antigüedad una recopilación de 158 tratados aristotélicos que ilustraban los ordenamientos políticos de numerosos Estados griegos y bárbaros. De esta recopilación sólo nos ha llegado, casi de forma íntegra, el *Athenaíon politeia* («El ordenamiento político de los Atenienses»), escrita entre el 335 y el 322 a.C. En su primera parte (capítulos 1-41) examina la historia de Atenas bajo la perspectiva de los cambios acontecidos en su sistema político, mientras que en la segunda parte (capítulos 42-69) describe la *politeia* ateniense de la época de Aristóteles. Si es cierto que «la *Athenaíon politeia* es una obra que se puede estudiar desde muchos y diversos aspectos[19]», es igualmente cierto que, desde una perspectiva geopolítica, será el capítulo 23 el que presente un particular interés. Para enmarcar el sexto cambio acontecido en el sistema político ateniense, Aristóteles escribe:

Sin embargo, entonces la polis había llegado hasta este punto, creciendo poco a poco con la democracia; pero después de las Guerras Médicas el Consejo del Areópago volvió a tomar fuerza y gobernaba la polis, no porque hubiese tomado el poder gracias a un decreto cualquiera, sino por haber sido responsable de la batalla naval de Salamina. De hecho, mientras los estrategas se habían desesperado ante la situación y habían proclamado que cada cual se salvase por sus propios medios, ellos procuraron distribuir ocho

---

[19]A.Santoni, *Aristotele. La Costituzione degli Ateniesi*. Cappelli, Bolonia, 1999, p. 3.

dracmas a cada uno y les hizo salir sobre las naves. Por este motivo cedieron ante su autoridad y también en aquellas circunstancias los Atenienses fueron bien gobernados. De hecho, en aquel tiempo llegaron a ejercitar las actividades de la guerra, a adquirir prestigio entre los Griegos y a obtener la hegemonía sobre el mar, pese a la oposición de los Lacedemonios[20].

Que el poder del Areópago se vio reforzado durante las Guerras Persas y que la victoria de Salamina aumentó el peso político del demos también se dice en la *Política*, donde Aristóteles entiende mostrar como el reforzamiento de una facción de la polis puede provocar tensiones y modificaciones en el sistema político.

Se producen transformaciones en la oligarquía, en la democracia y en la *politeia*, cuando una magistratura o una parte de la polis obtiene un cierto prestigio o adquiere un mayor peso. Por ejemplo, el Consejo del Areópago, que había ganado prestigio durante las Guerras Médicas, consideró hacer más rígido el ordenamiento político, mientras la masa marinera, que había sido la responsable de la victoria de Salamina y —a través de ésta— de la hegemonía debida a la potencia marítima, hizo más fuerte a la democracia[21].

La relación entre el éxito naval de Salamina y la democracia ya fue indicada en el libro III de la *Política*:

El demos, que en las Guerras Médicas fue el origen del predominio sobre el mar (*nauarquía*), llegó a ser presuntuoso y se dejó llevar por viles demagogos, pese a la oposición de los moderados (*hoi epieikeîs*[22]).

En realidad, ya algunos años antes de Salamina, en el 487-486 a.C, la tendencia radical había inspirado una reforma que reducía al Arcontado a un mero órgano administrativo, y un ulterior incremento de poder había permitido al demos acometer la reforma militar y la reorganización de la flota. «La carga de las construcciones terminó por gravar a las ciudadanos más ricos, mientras que para el armamento se debieron reclutar a los tripulantes entre los tetis: si

---

[20] Aristóteles, *Athenaion politeia*, 23
[21] Aristóteles, *Politica*, V, 4, 8.
[22] Aristóteles, *Politica*, II, 12, 5.

bien, fatalmente, la ley sobre la flota, que debía hacer de Atenas una potencia naval de primer orden, llevaba a una democratización, si no de la constitución, al menos sí de la vida del Estado[23]». La dirección de la marina fue asumida por la boulé y los estrategas ocuparon una posición superior a aquella de todos los demás magistrados. Es cierto que, a menudo, los estrategas pertenecían a familias antiguas e insignes, pero debían someterse a la voluntad del demos, de cuyas filas procedían los hombres del mar. Entonces era inevitable que las demandas de poder del demos fueran directamente proporcionales a la hegemonía marítima de Atenas.

Según la *Athenaíon Politeia* aristotélica, contribuyeron a la corrupción de la polis algunas iniciativas demagógicas de Pericles:

A continuación, cuando Pericles llegó a la guía del demos (*pròs tò demagogeîn*) (...), sucedió que el ordenamiento político (*politeia*) llegó a ser todavía más democrático. De hecho él quitó algunas prerrogativas a los Areopagitas y, especialmente, orientó a la polis hacia la potencia naval (*nautikè dynamis*), de la cual derivó que los muchos (*hoi polloí*), convertidos en arrogantes, concentraran todavía más en sí mismos todo el ordenamiento político (*politeia*[24]).

La disminución de los poderes del Areópago y el nacimiento de una tiranía de forma democrática no son imputables solamente a Pericles; en la *Política* Aristóteles también menciona a tal propósito a Efialtes, sin precisar si los dos habían actuado al mismo tiempo o en fases distintas:

Cuando éste (el tribunal) adquirió poder, congraciándose el demos como un tirano, transformaron el ordenamiento político (*politeia*) en la actual democracia; el Consejo del Areópago lo suprimió Efialtes, como lo hizo también Pericles, mientras que los salarios de los miembros de los tribunales los instituyó Pericles, y de este modo cada uno de los demagogos impulsó, progresivamente, el proceso hacia la actual democracia[25].

En cuanto a la hegemonía marítima, quien puso las bases fue,

---

[23]P. de Francisci, *Arcana Imperii*, Bulzoni, Roma, 1970, Vol. II, p. 238.

[24]Aristóteles,*Athenaíon politeía*, 27.

[25]Aristóteles, *Política*, II, 12, 4.

según otros, Temístocles. Fue él el primero en proclamar que Atenas debía dedicarse al mar[26] y establecer una continuidad de la tierra con el mar (*exêpse tèn gên tês thaláttes*).

Y así fue como él incrementó el poder del demos contra los Optimates y lo colmó de descaro, porque el poder pasó entre las manos de los marineros, de los capitanes de mar y de los pilotos[27].

Isócrates: los perjuicios del imperialismo marítimo

También Isócrates, aunque sin establecer un nexo con los acontecimientos bélicos de las Guerras Persas, evoca en el 357 a.C la época de la caída de la segunda liga marítima, la importante función que tuvo en un tiempo el Areópago como guía del gobierno ateniense. Teniendo ante sus ojos los fenómenos conectados al excesivo poder del demos —«demagogia, alboroto de denunciantes, arbitrariedad y tiranía de la mayoría contra una minoría de cultura superior etc[28]»— él reprende a los demócratas que en el siglo precedente han limitado fuertemente la autoridad areopagita, causando la debacle en la era sucesiva:

De hecho, fueron ellos aquellos que impulsaron las cosas a una negligencia tal y destruyeron el poder del Consejo. Cuando éste tenía su autoridad, la polis no estaba colmada de procesos, de acusaciones, de tributos, de pobreza ni de guerras, pero vivían tranquilamente entre ellos y estaban en paz con los otros Griegos, porque se mostraban leales a ellos y temibles frente a los bárbaros[29].

Sin embargo es el mismo Isócrates, en el 356 a.C, quien afirma que han sido las ambiciones talasocráticas de Atenas las que han llevado a la degeneración y a la ruina de la democracia de los padres, idealizada nostálgicamente por ellos y arbitrariamente apli-

---

[26]Tucídides, I, 93, 4.

[27]Plutarco, *Temistocle*, 19.

[28]W. Jaeger, *Paideia*, La Nuova Italia, Florencia, 1978, vol. III, p. 192.

[29]Isócrates, *Areopagitico*, 51.

cada en los viejos tiempos de Solón. Sin embargo, a pesar de que su proyecto político refleja propensiones aristocráticas y timocráticas, él está convencido de ser un demócrata, en la medida que apoya una restauración de la forma de gobierno que precedió las Guerras Persas:

De hecho, yo considero que administraríamos mejor la polis, seríamos mejores nosotros mismos y tendríamos mayor éxito en todos nuestros asuntos, si dejásemos de ambicionar el dominio sobre el mar (*he archè he katà thálattan*). De hecho es esto lo que nos ha arrastrado hacia la confusión y destruyó aquella democracia con la cual nuestros antepasados vivían como los más felices entre los Griegos; es esta la causa de casi todos los males que nos afligen y que procuramos a los demás[30].

Entre Aristóteles e Isócrates existe una evidente «consonancia de planificación y juicio sobre algunos grandes hechos de la historia ateniense[31]»; en particular, como se puede ver en las versiones referenciadas más arriba, ellos convergieron en la exaltación de la función del Areópago como guía de una forma moderada de democracia, así como en la conciencia de los perjuicios provocados a Atenas por el imperialismo marítimo.

Democracia y talasocracia según Pseudo-Jenofonte

El movimiento anti-democrático que se desarrolló rápidamente después de la muerte de Pericles, junto con el agravamiento de la situación militar, «había sido preparado en el ámbito del pensamiento por la sofística, que había sometido a severas críticas la democracia, y por Sócrates, quien había invocado un gobierno de hombres competentes, no de funcionarios elegidos por sorteo, de tal modo que en la época de Tucídides, los hombres cultos juzgaban la

---

[30]Isócrates,*Sulla pace*, 64.
[31]A. Santoni, op.cit, p. 8.

democracia como una locura[32]». Locura generalmente reconocida, *homologouméne ánoia*, es, de hecho, la definición de la democracia atribuida por Tucídides a Alcibíades[33].

Antes que en la *Athenaíon politeia* aristotélica el tema de la relación entre democracia y talasocracia había sido afrontado en un opúsculo homónimo (doce páginas en la edición teubneriana de E. Kalinka de 1914), que nos ha llegado junto con la *Lakedaimoníon politeia* en el *corpus* de las obras de Jenofonte, amigo de los Treinta Tiranos y obligado al exilio por la democracia. Sin embargo, «como demuestran los elementos del estilo, las referencias cronológicas y la intención ideológica[34]», el autor de este folleto quiere ser buscado en otras partes, tanto es así que algunos han creído poder identificarlo con Tucídides de Melesia, el líder de la facción oligárquica condenado al ostracismo en el 443 a.C, mientras otros lo han identificado con el orador y logógrafo Antifonte de Ramnunte, que guió el golpe de Estado oligárquico del 411 a.C, y otros lo han identificado con el líder de los Treinta Tiranos, Critias. Según esta última hipótesis[35], Critias habría escrito el *Athenaíon politeia* durante el exilio en Tesalia, cuando, entendiéndose con los aristocráticos en el poder, atacaba toda suerte de democracia y acusaba a los Atenienses de las culpas más graves[36]. La estancia en Tesalia del líder de los Treinta Tiranos se produce entre los años 409-404 a.C; sin embargo «nada impide pensar que Critias eligiese ambientar su diálogo sobre el sistema político ateniense en una situación histórico-política no

---

[32]P. De Francisci, op.cit, vol II, p. 249.

[33]Tucídides, VI, 89, 6.

[34]D. Del Corno, *Letteratura greca*, Principato, Milán, 1995, p. 365.

[35]La atribución del opúsculo de Critias, sostenida por August Boeckh desde 1850, ha sido discutida por Luciano Canfora en *Studi sull'Athenaíon Politeia*, «*Memorie dell'Accademia delle Scienze*», Turín, V, 4, 1980 y un «*Quaderni di storia*», 22, 1985, pp. 5-8. Publicando una traducción comentada del texto (Anónimo ateniense, *La democrazia come violenza*, Sellerio, Palermo, 1982), Canfora no haría propia la hipótesis de Boeckh, sino algún año después, en un manual escolástico (*Storia della letteratura greca*, Laterza, Bari, 1986, p. 305), presentaba el *Athenaíon politeia* como una obra de Critias.

[36]«*Kathaptómenos mèn demokratías hapáses, diabállon d'Athenaious, hos pleísta anthrópon hamartánontas*» (Filostrato, *Vite dei sofisti*, I, 16).

inmediatamente actual, sino reciente y viva en el recuerdo de todos; aquella correspondiente al predominio marítimo de Atenas[37]». Algunos otros han identificado al autor de este opúsculo con Tucídides, porque él se aproxima al gran historiador «no sólo por la frialdad del razonamiento y por el esfuerzo en ocultar las pasiones que lo agitan, pero también, en cierto sentido, por la escritura, deliberadamente áspera, malhumorada, destinada únicamente al hecho, sin concesiones a la forma[38]». Si la paternidad de lo escrito «es un misterio que permanecerá irresoluto hasta que no se disponga de la evidencia objetiva[39]», hay algo que aparece fuera de toda duda: que el autor fue «un aristocrático, seguidor convencido del principio de que el poder solo debe ser detentado por los *aristoi*, con el fin de evitar imprudencias políticas, origen de daños para todos, ricos y pobres[40]». Aparte de la citada datación del 409-404 a.C, otros, como Santo Mazzarino, hipotetizaron el quinto decenio del siglo V a.C, mientras que otros todavía indican el 411 a.C, año del golpe de Estado oligárquico. Sin embargo, por lo demás se tiende a remontar la composición de la obra al periodo comprendido entre el 429 a.C, año de la muerte de Pericles, y el 424 a.C, año en el que fueron representados *Los Caballeros*, la sátira aristofánica sobre el cretinismo democrático, el periodo en el cual el sistema político ateniense pareció realizarse en términos de una «dictadura del proletariado» *ante litteram*, si queremos retomar la analogía propuesta por un filólogo alemán que trató de «interpretar la democracia moderna sobre la base de las experiencias de la antigüedad[41]».

---

[37]L. Canfora, *Storia della letteratura greca*, cit., p. 305.

[38]A. Garzya, *Storia della letteratura greca*, Paravia, Turín, 1984, p. 177.

[39]R. Cantarella, *Letteratura greca*, SEI, Milán-Roma, 1961, p. 312.

[40]C. Del Grande, *Storia della letteratura greca*, Loffredo, Nápoles, 1964, p. 224.

[41]A. Mohler, *La Révolution conservatrice en Allemagne (1918-1932)*, Pardès, Puiseaux, 1993, p. 532. El filólogo en cuestión es Hans Bogner (1895-1948); en la obra *Die verwirklichte Demokratie. Die Lehren der Antike* (Hanseatische Verlangsanstalt, Hamburgo, 1930) el autor ilustra la sucesión monarquía-aristocracia-democracia, las cuales sustituyen la hegemonía plebeya y la plutocracia, seguidas ellas a su vez por un retorno a la monarquía favorecidas por la intervención de un hombre fuerte.

La obra es un diálogo entre dos personajes, que podrían ser un Ateniense y un Espartano; o bien dos Atenienses de diferente orientación política: más precisamente, un exiliado que se limita a expresar una «obvia condena de los valores democráticos[42]» y un «Viejo Oligarca» que, con un análisis frío y realista, destaca lúcidamente «la coherencia del odiado sistema y de su funcionamiento[43]». De hecho, se trata de un análisis crudo y despiadado del ordenamiento democrático ateniense, en el cual son puestas en evidencia las características reflejadas: la preeminencia y el poder ilimitado de la canalla (los *kakoi*), la inmoralidad y la miseria cultural de la clase política, el dominio de la incompetencia, la irresponsabilidad convertida en sistema, la excesiva libertad concedida a esclavos y metecos, la lentitud y la corrupción de los tribunales, la pasión hedonista por las fiestas financiadas con dinero público y la acción de rapiña practicada en perjuicio de las poléis aliadas.

Sin embargo, pese a ser edificada sobre fundamentos así de perversos, la democracia ateniense funciona; más bien, es tan fuerte que un eventual golpe de estado estaría condenado al fracaso. Esto porque son justamente las perversiones, la maldad y la ignorancia las que constituyen la base de la democracia: «aparecen las necesarias "virtudes" de quien quiere gobernar solamente para el propio provecho y la propia "libertad[44]"». De hecho el demos es *ápistos*[45], «incapaz de lealtad», pero de hecho no es *álogos*, «privado de razón», al contrario: «la ausencia de fe es para el demos racional garantía de dominio. Podemos llamar injustos a los malvados que han conquistado el *arché*, pero para nada incoherentes o "irresponsables" respecto al propio fin. Ellos hacen funcionar bien el mal gobierno[46]». Desde un análisis como este resulta que estaría condenado de partida cualquier intento de derrocar la democracia; movilizar contra ella a los exiliados y a todos aquellos que ella ha privado de los derechos no serviría de nada. La talasocracia es el apoyo más poderoso con

---

[42]L. Canfora, *La democrazia come violenza*, cit., p. 47.

[43]L. Canfora, *ibidem*.

[44]M. Cacciari, *Geofilosofia dell'Europa*, Adelphi, Milán, 2003, p.51.

[45]Tucídides, VIII, 70, 2.

[46]M. Cacciari, *ibidem*.

el que cuenta la democracia ateniense.

Aquello que el opúsculo dice sobre el poder marítimo de Atenas «refleja los debates de la época. Esto explica también la coincidencia con Tucídides[47]», el cual subraya igualmente las ventajas que se derivaron del control del mar para Atenas. «¡Gran cosa es la talasocracia!» (*Méga gár tò tês thaláttes krátos*), exclama el Pericles tucidídeo[48], cuya estrategia bélica se funda sobre la supremacía marítima de Atenas y sobre la inatacabilidad del sistema defensivo ateniense. En el contexto de aquel discurso, Pericles entendía convencer a los Atenienses que «el señorío del mar es un arma suficiente para la victoria[49]» y que por ello, en el cuadro estratégico del inminente conflicto, el territorio del Ática revestía escasa importancia. A los ojos de Pericles, sin embargo, la talasocracia de Atenas no es perfecta, porque para él la condición ideal sería aquella de una posición estratégica insular: «Si fuésemos habitantes de una isla, ¿quién sería más inexpugnable que nosotros[50]?». Es este un motivo recurrente también en el *Athenaíon politeia* de Pseudo-Jenofonte:

Si los Atenienses habitasen una isla y fuesen dominadores del mar (*thalassokrátores*), les sería posible dañar a los demás, si lo quisieran, sin sufrir nada mientras que mantuvieran la hegemonía del mar: ni la devastación de su territorio ni la invasión de los enemigos (...) Más allá de aquello, también de cualquier otro temor estarían liberados; la polis no sería nunca traicionada por los oligarcas, ni las puertas serían abiertas, ni a los enemigos se les dejaría entrar. ¿Podría suceder esto si habitasen en una isla? Tampoco se produciría ninguna revuelta contra la democracia, si habitasen en una isla. Ahora bien, contrariamente, si se rebelasen, lo harían confiando en los enemigos, pensando en facilitar su llegada a través de la tierra. Pero si habitasen en una isla, no tendrían por qué temer nada[51].

El hecho es que Atenas no era una isla, de modo que cada año,

---

[47] A. Lesky, *Historia de la literatura griega*, Gredos, Madrid, 1985, p. 483.

[48] Tucídides, I, 143, 4.

[49] G. Franchina, *Introduzione a: Tucidide, Demegorie di Pericle*, Signorelli, Milán, 1994, p. 22.

[50] Tucídides, I, 143, 5.

[51] Pseudo-Jenofonte, *Athenaíon politeia*, II, 14-15.

en el curso de la Guerra del Peloponeso, las tropas espartanas podían invadir el Ática devastando sistemáticamente los cultivos. La
clase de los pequeños campesinos, que hasta entonces había «equi-
pado a Atenas no solamente con el núcleo de sus tropas de hoplitas,
sino que había constituido también un factor de estabilidad en la
asamblea, (...) fue desarraigada y obligada cada año a buscar durante largos meses defensa entre los muros atenienses, expuesta al
empobrecimiento y a la proletarización, (...) la población rural fue
separada de sus hábitos y de sus costumbres y se perdió la autonomía moral de la clase campesina. Así la clase social hasta entonces
más sana se vio golpeada, por así decirlo, en el corazón[52]».

El autor de la *Athenaíon politeia* pseudo-Jenofontea comienza
indicando el estrecho vínculo entre la democracia ateniense y la
talasocracia:

En Atenas dirige el demos, porque es el demos aquel que permite
moverse a las naves y otorga potencia a la polis, a los timoneros, a
los capitanes de mar, a los comandantes en segunda, a los pilotos
de proa y a los carpinteros: son ellos los que dan la potencia a la
polis, mucho más que los hoplitas, los nobles y los hombres buenos.
Desde que las cosas están así, parece justo que todos tengan acceso
a las magistraturas, ya sea mediante sorteo o por votación, y que a
cualquier ciudadano que lo desee le sea lícito expresar su opinión[53].

Los aspectos más repugnantes de la democracia (el predominio
de la canalla y el perjuicio a los mejores, la propagación del desor-
den, de la banalidad y de la maldad, el descaro de los esclavos y de
los metecos etc) no son considerados como defectos del sistema, sino
como características esenciales y necesarias de un sistema fundado
sobre la hegemonía marítima:

Si, entonces, uno se maravilla por el hecho de que allí le consien-
tan a los esclavos vivir en el lujo y que, algunos de éstos, puedan
mantener un ritmo de vida grandioso, se podría demostrar que eso
también lo hacen por una buena razón. Donde, de hecho, hay una
potencia naval, es inevitable que por un motivo económico los ciu-

---

[52]F. Schachermeyer, *Pericle*, Salerno editrice, Roma, 2004, p. 281.

[53]Pseudo-Jenofonte, *Athenaíon politeia*, I, 2.

dadanos se subordinen a los esclavos, para recoger los tributos de su actividad, y se les deje libres. Donde los esclavos son ricos, allí no es necesario que mi esclavo te tema (...) Por eso hemos equiparado en igualdad a los esclavos con los libres y a los metecos con los ciudadanos: porque la polis tiene necesidad de los metecos por la cantidad de sus oficios y para la flota naval. De modo que, por esta razón, es obvio que hemos dado la igualdad a los metecos también[54].

Después de haber trazado el cuadro de la vida disoluta y parasitaria del demos, que querría imitar una *paideia* extraña a sí misma, y después de haber persistido sobre el maltrato con el que los aliados de Atenas son sistemáticamente sometidos sobre el plano judicial, maltrato que los ha convertido en los esclavos del demos ateniense, Pseudo-Jenofonte pasa a hablar de la importancia que el adiestramiento en el arte náutico reviste para el mantenimiento del imperialismo democrático.

También, debido a que tienen propiedades más allá de las fronteras y ejercen magistraturas más allá de éstas, sin darse cuenta han aprendido a maniobrar con los remos, ellos y sus acompañantes. De hecho es inevitable que un hombre que viaja a menudo empuñe el remo, ya sea él o su servidor, y aprendan los rudimentos de la náutica; llegando a ser buenos timoneros, por la experiencia de las navegaciones y por el adiestramiento. Algunos se han adiestrado pilotando una embarcación común, otros una nave de carga mientras hay otros que han pasado por los trirremes. La mayoría, apenas subidos a las naves, son capaces de moverlas como si hubiesen sido adiestrados anteriormente durante toda su vida[55].

En cuanto a las milicias terrestres, es cierto que Atenas no puede contar con un gran número de hoplitas; pero para ella lo importante es disponer de una fuerza superior a aquella de los aliados sometidos al pago del tributo. En aquello los Atenienses se ven favorecidos por la geografía: la dislocación de las ciudades sometidas a la hegemonía ateniense hace que la polis hegemón sea inatacable.

Mientras a aquellos que están sujetos a la hegemonía de una

---

[54]Pseudo-Jenofonte, *Athenaíon politeia*, I, 11-12.
[55]Pseudo-Jenofonte, *Athenaíon politeia*, I, 19-20.

potencia territorial les es posible salir de las pequeñas ciudades y
concentrarse para combatir unidos, a aquellos que están sujetos a
la hegemonía de una potencia marítima y habitan en las islas no
les es posible reunir a las ciudades en el mismo lugar, porque está el mar en el medio y los dominadores son dominadores del mar
(*thalassokrátores*). Si entonces fuese posible a los isleños reunirse en
secreto en un mismo lugar, sobre una sola isla, perecerían a causa
del hambre. Cuando entonces a las ciudades de la tierra firme, sujetas a la hegemonía de los Atenienses, las grandes son sojuzgadas
por medio del terror, las pequeñas únicamente por necesidad, porque no hay ninguna ciudad que no tenga necesidad de importar o
exportar algo. Entonces esto no le será posible, si no es súbdita de
aquellos que tienen la hegemonía del mar. Y entonces, a aquellos
que tienen la hegemonía sobre el mar les es posible hacer aquello
que sólo alguna vez pueden hacer aquellos que tienen la hegemonía
sobre la tierra: devastar el territorio de los más fuertes. De hecho,
es posible acercarse allí donde no hay ningún enemigo o donde hay
pocos enemigos; entonces, en caso de que éstos se acercaran, embar-
car y zarpar. Quien actúa de este modo, tiene menos dificultades de
quien proporciona ayuda por tierra[56].

A partir de este punto se desarrolla el enfrentamiento entre la
potencia talasocrática y aquella territorial.

Y entonces, a aquellos que tienen la hegemonía en el mar les
es posible navegar lejos del propio territorio por una zona de mar
tan lejos como se quiera; pero a aquellos que tienen la hegemonía
sobre la tierra firme no les es posible alejarse del propio territorio
por un camino de muchas jornadas, porque las marchas son lentas y
no es posible que quien va a pie tenga consigo alimento por mucho
tiempo. Y quien va a pie debe ir a través de un territorio amigo o
debe combatir y vencer, mientras quien navega tiene la posibilidad
de desembarcar donde es más fuerte y de no desembarcar en aquel
punto que no lo es, navegando a lo largo de la costa hasta llegar a
un territorio amigo o entre gente menos poderosa que él. De modo
que las enfermedades de la cosecha, aquellas debidas al clima, la

---

[56]Pseudo-Jenofonte,*Athenaíon politeia*, II, 2-4.

soportan por poco tiempo aquellos que tienen el dominio sobre el mar. De hecho, la tierra no se enferma toda simultáneamente, y en consecuencia, a aquellos que tienen la hegemonía del mar les llega la cosecha de una región próspera[57].

Después de haber tomado en consideración otros aspectos característicos de la vida de Atenas, algunos de los cuales (como la introducción de elementos extraños en la lengua, en los hábitos y el completo control de las empresas) están estrechamente vinculados a la hegemonía marítima, el opúsculo llega a la conclusión práctica que interesa en aquel momento a la oposición política: el abatimiento de la democracia ateniense no es una empresa fácil. De hecho, la democracia, a pesar de ser injusta y despreciable, en Atenas funciona a la perfección, siendo «fundada sobre el dominio y sobre la violencia[58]» de aquellos que tienen en su mano la potencia naval de la polis y le permiten ejercer un dominio total sobre las otras ciudades del Egeo.

---

[57] Pseudo-Jenofonte, *Athenaíon politeia*, II, 5-6.
[58] L. Canfora, *La democrazia come violenza*, cit., p. 55.

Capítulo III

Los precursores de la geopolítica

Platón, Geografía y virtud

En el fragmento que traducimos a continuación (*Leyes*, V, 704a-707d) Platón describe la situación geográfica de la polis ideal. Ella deberá surgir sobre un territorio fértil, con tal de garantizar una cierta prosperidad; no obstante, en la medida que esté dotada de buenos puertos, deberá distanciarse del litoral marítimo al menos ochenta estadios (cerca de catorce kilómetros). De hecho, es necesario evitar que los comercios e intercambios demasiado extensos difundan todos aquellos males que afligen a las ciudades marineras: el impulso de beneficiarse, el uso de monedas de oro y plata, la astucia de los mercaderes, la difusión de las modas extranjeras y la corrupción típica de los barrios bajos portuarios. Mucho mejor, por ello, si los bosques no están en condiciones de abastecer de madera de pino, idóneo para la construcción de trirremes. A la fuerza naval, reducible a un conjunto de técnicas, es preferible aquella terrestre, que exige y desarrolla virtudes de obediencia, orden y autocontrol. Por otro lado, en las Guerras Persas fueron justo las batallas combatidas sobre tierra firme las que tuvieron un peso decisivo en la

27

tendencia del conflicto y enfatizaron las virtudes de los Griegos.

Ciertamente, Platón no fue el primero en poner en guardia a los Griegos contra los peligros del mar. Pero su condena a una existencia política confiada al mar no es reducible a un particular contexto político; ella «no era la reacción a una situación contingente, como tampoco era la nostalgia de un pasado remoto, de una hesiodea edad de oro realizada con campesinos laboriosos y bueyes mansos en el arado de los campos fértiles a la espera del segador. En Platón, más bien, se advierte de diferente manera la alteridad, la naturaleza dramáticamente excéntrica del mar[59]». Justo por esto la posición platónica no puede ser solventada en los términos psicológicos de una banal «talasofobia» del Filósofo. El mar, en cuanto masa fluida e informe, constituye en primer lugar un símbolo de aquel devenir que es mutabilidad, corruptibilidad e ilusión.

ATENIENSE: Dime, te lo suplico, ¿qué idea debemos formar de nuestra futura ciudad? No creas que te pregunto por el nombre que tiene hoy, ni por el que podrá dársele en lo sucesivo; lo tomará indudablemente o de su fundación, o de cualquier sitio, río, fuente o, en definitiva, de cualquier divinidad adorada en el país. Lo que quiero saber, lo que yo exijo, es que me digas si ha de estar próxima al mar o situada tierra adentro.

CLINIAS: Extranjero, la ciudad de la que hablamos debe estar distante del mar como ochenta estadios.

ATENIENSE: ¿Cómo? ¿Hay cerca algún puerto o la costa es impracticable?

CLINIAS: Tiene buenos puertos, extranjero, los mejores posibles.

ATENIENSE: ¡Ay de mí! ¿qué es lo que me dices? ¿Y su territorio produce todo lo necesario para la vida o

---

[59]Filippo Ruschi, *Questioni di spazio. La terra, il mare, il diritto secondo Carl Schmitt*, G. Giappichelli Editore, Turín, 2012, p.56.

falta algo?

CLINIAS: Prácticamente no carece de nada.

ATENIENSE: ¿Cerca de ella habrá alguna otra ciudad?

CLINIAS: No, y esta es la razón por la cual fundar una colonia allí. De hecho, antiguamente, a aquel lugar vino una emigración, por la cual es imposible decir durante cuánto tiempo ha permanecido desierta esta región.

ATENIENSE: ¿Qué me dices de las llanuras, de los montes y de los bosques?

CLINIAS: Se asemeja a la naturaleza del resto de Creta.

ATENIENSE: Es decir, que será más montañoso que llano.

CLINIAS: Es justamente así.

ATENIENSE: No se encontrarían entonces en condiciones desesperadas para alcanzar la virtud. De hecho, si estuviese sobre la costa del mar, provista de buenos puertos, y no fuese fertilísima, sino privada de muchos recursos, necesitaría de un gran hombre, de un salvador o legisladores divinos, si no quisiera recibir, siendo la que es a través de su posición natural, una variada cantidad de modas corruptas. En su lugar ésta tiene una distancia de ochenta estadios a su favor. Sin embargo, está más cerca del mar de lo que debería, tal es así que dice estar provista de buenos puertos; no obstante también esta posición es aceptable. El mar cercano a la región habitada es algo placentero para la vida diaria, pero, en efecto, es una cercanía muy salada y amarga. De hecho, llenando la ciudad de tráficos y de negocios debidos al comercio y haciendo nacer en las almas la costumbre de la inconstancia y la deslealtad, la hace inconfiable y enemiga hacia sí misma o hacia los demás hombres. Si, ciertamente, frente a aquello ella tiene en su ventaja ser también muy fértil; pero, si fuese accidentada, está claro que no podría ser productiva con una gran abundancia de frutos y, al mismo tiempo, todos de calidad. Si tuviese esta peculiaridad, exportaría en gran cantidad y, en cambio, se colmaría de monedas de plata y de oro; pero de aquello, por así decirlo, no podría procurarnos mal más grande, tomándolo uno a uno, por una ciudad que tuviese como objetivo la adquisición de modas nobles y justas — como decíamos, si recordamos bien, en los discursos precedentes.

CLINIAS: Recordamos sí, y también asentimos ante lo que dijiste entonces y lo que dices ahora.

ATENIENSE: Dime entonces, aquel lugar de nuestra región como está en lo que se refiere a madera para las construcciones navales.

CLINIAS: No existe, en cantidad conspicua, ni el abeto ni el pino marino, y el ciprés no es frecuente; de pino común y de plátano se pueden encontrar poco; y de éstos es necesario que los carpinteros hagan siempre uso para las partes internas de la embarcación.

ATENIENSE: Pero este aspecto de la naturaleza no es entonces un mal para la región.

CLINIAS: ¿Por qué?

ATENIENSE: Está bien que un Estado no pueda emular fácilmente a los enemigos con imitaciones nocivas.

CLINIAS: ¿A cuál de las cosas ya mencionadas te refieres, diciendo aquello que dices?

ATENIENSE: Oh, divino amigo, préstame atención y considera aquello que he dicho al comienzo, cuando se decía que las leyes cretenses estaban orientadas hacia un único objetivo y vosotros dos deciais que este objetivo era la guerra. Pero yo intervine diciendo que me parecía algo bueno que tales leyes fueran instituidas en función de la virtud; pero no coincidimos sobre el hecho de que fuesen instituidas en función de una parte de ella, y no de la virtud en su totalidad. De modo que presta atención a su vez y sígueme bien en lo que respecta a la presente legislación, viendo si por casualidad yo no legislo preocupándome de la virtud o de una parte de ella. Yo considero que se ha formulado rectamente sólo aquella ley que, como un arquero, tiene en su punto de mira solo aquello que, de forma continua, consigue alguno de estos buenos efectos, y desprecia todo lo demás, ya sea cualquier riqueza como una de las demás cosas similares que se encuentre y esté privada de los requisitos ya indicados. Decía entonces que la mala imitación de los enemigos tiene lugar cuando, viviendo cerca del mar, es atormentado por los enemigos. Por ejemplo, y no lo diré por echarlo en cara — Minos, que tenía una gran potencia marítima, una vez obligó al pago de un gravoso tributo a los habitantes del Ática, los cuales no tenían todavía, como ahora, embarcaciones de guerra, ni tenían una región llena de madera para la construcción de naves, como para poder equipar fácilmente a una potencia naval. Entonces no estuvieron en condiciones de defenderse de los enemigos imitando su arte naval y llegando a ser, de repente, hombres de mar ellos mismos. Sin embargo, habría sido más ventajoso para ellos perder todavía muchas veces siete niños, más que acostumbrarse, convertidos en marineros a partir de la infantería y sólidos hoplitas que eran, que perpetrar desembarcos frecuentes y refugiarse nueva y precipitadamente sobre las naves, sin pensar en cometer cualquier cosa vil cuando no se osa morir resistiendo al asalto de los enemigos, teniendo siempre listos pretextos ficticios para justificar el abandono de las armas y las huidas, que ellos dicen que no son vergonzosas. De hecho, son éstos los discursos que se suelen hacer los hoplitas de la marina, discursos que no son dignos de las frecuentes e innumerables alabanzas, todo lo contrario. Nunca es necesario dejarse tomar por las costumbres malvadas, y esto espera la mejor parte de los ciudadanos. Y que de una costumbre tal no sea hermosa, se podía desprender también de Homero. De hecho, Odiseo culpa a Agamenón, cuando éste ordena sacar del mar a las naves, mientras que los Aqueos son acosados por los Troyanos en la batalla. Entonces se enfada con él y le dice:

¡Que tú mandes, en el fragor de la batalla y el combate, sacar al mar a las naves de los buenos escálamos, para que se realicen los mejores deseos de los troyanos, por otro lado ya vencedores, para que se abata la muerte repentina sobre nosotros! Los Aqueos dejarán de luchar, si las naves son sacadas al mar, pero volverán la mirada y abandonaran la batalla. Entonces tu decisión será ruinosa, líder de gentes[60].

De modo que esto también lo sabía él, que son

---

[60]Homero, *Iliade*, XIV, 96-102.

un mal los trirremes que están en el mar, junto a los hoplitas que combaten: también los leones se acostumbrarían a huir de los ciervos, si fueran educados en tales costumbres. Igualmente, si debido a fuerzas navales, la potencia de las ciudades —y con ella la de su salvación— no atribuye honores a la mejor parte del ejército, porque, siendo ella obtenida gracias al arte de los timoneros, jefes de los remeros y los propios remeros, así como gracias a una resma de individuos ciertamente no honorables, nadie podría asignar honores a cada uno de ellos. Y entonces, ¿cómo podría existir un ordenamiento político igual, si estuviese privado de esta posibilidad?

CLINIAS: Es casi imposible. Pero, extranjero, nosotros los Cretenses decimos que lo que salvó a Grecia fue la batalla naval que tuvo lugar entre los griegos y los bárbaros en Salamina.

ATENIENSE: De hecho esto dicen la mayor parte de los Griegos de los bárbaros. Pero nosotros, oh amigo, yo y el aquí presente Megilo, decimos que la batalla campal de Maratón representó el inicio de la salvación para los Griegos y que aquella batalla de Platea la completó; que aquellas convirtieron a los Griegos en los mejores, pero las demás no les hicieron mejores, si así debemos hablar de las batallas que entonces contribuyeron a nuestra salvación; y en aquella de Salamina añadiré la batalla naval de Artemisio. Pero considerando ahora la virtud del ordenamiento político, examinamos también la naturaleza de la región y el orden de las leyes, porque no creemos que lo más honorable para los hombres sea el simple conservarse y existir, como creen la mayoría, sino el llegar a ser siempre mejores y conseguirlo, durante

toda la existencia. Pero también pienso que esto
lo hemos dicho ya antes.

CLINIAS: ¡Cómo no!

ATENIENSE: Veamos entonces únicamente si, en lo que concierne a la fundación del Estado y su legislación,
procedemos sobre la misma vía, que para los Estados es la mejor.

Aristóteles. Población y territorio de la *Polis* ideal

«Espectador herido dolorosamente por las vicisitudes capitales y
por los protagonistas de su edad, entre luchas y atrocidades ante las
cuales ni tan siquiera el filósofo permanece indemne, sin embargo,
Aristóteles ha proseguido su reflexión sobre política, iniciada en la
Academia cuando todavía vivía Platón, en el binario tradicional de
la reflexión sobre la polis. Conviven en él —como en Isócrates— la
noción de la inevitabilidad del predominio macedonio y la asunción
de la polis como única y posible comunidad científicamente realiza-
ble. Por lo demás la polis es una realidad duradera, la forma natural
de la organización política, en el mundo griego y helenizado, vital
hasta la edad antonina y más allá: vital también si sus destinos se
combinan una vez y otra con la afirmación del imperio y con el predominio regional de las "grandes potencias" formadas a partir de la
fragmentación del imperio de Alejandro. Un imperio en el ámbito
del cual —no hay que olvidarlo— las poleis griegas tienen su lugar
y, más bien, se multiplican lejos a medida que se extiende el proceso
de helenización[61]».

El ordenamiento ideal de la polis *politeía aríste* está delineado
por Aristóteles en los libros VII y VIII de la *Política*, que constituyen el núcleo originario de toda la obra. En la parte del libro VII

---

[61]L. Canfora,*Storia della letteratura greca*, Laterza, Roma-Bari, 1986, p. 440.

(los capítulos 4-6, 1325b-1327a), traducida a continuación[62], vienen considerados los datos fundamentales para la existencia de la polis: la población y el territorio.

Por lo que concierne a la población, Aristóteles declara que la grandeza de un Estado depende más de la potencia que del número de habitantes, en el cual están comprendidos también los esclavos, los metecos y los extranjeros; de modo que necesita evitar la superpoblación, que es un obstáculo al buen gobierno, y observar el criterio del justo límite, porque cada cosa tiene una medida que está determinada por su función. La polis, en este caso, encuentra su propia norma cuando su grandeza consiente una visión sinóptica de la población y es compatible con la autarquía.

En lo que respecta al tratamiento del territorio de la polis, Aristóteles afirma que la mejor configuración geográfica es aquella que, correspondiendo a las prescripciones estratégicas, convierte en arduas las invasiones enemigas y facilita la eventual evacuación. La ciudad propiamente dicha deberá tener fácil acceso al mar y a todas las vías terrestres, para poder recibir todo aquello que es necesario para su industria y para su consumo. Aristóteles no ignora los peligros a los cuales se encuentra expuesta una polis demasiado próxima al mar[63], sino que también ve las ventajas militares y económicas de tal ubicación y asume una posición realista de equilibrio. En cuanto a la flota, su importancia depende de la función política que la polis entiende desarrollar en las relaciones con los otros Estados.

> **4.1** Después de que sobre estos argumentos ha estado permitido aquello que en este momento ha sido dicho, y después de que preliminarmente hemos considerado con los otros ordenamientos políticos[64], el punto de partida de todo lo demás

---

[62]He realizado la traducción sobre el texto griego establecido por Jean Aubonnet (París, 1986)

[63]Tales peligros, ya indicados por Platón (*Leyes* IV, 704d-707d), serán ulteriormente denunciados por Cicerón (*De re publ.* II, 3-4; cfr. «Eurasia» 1/2013, pp. 13-16).

[64]El preámbulo que precede al estudio de la polis perfecta está constituido por los capítulos 1-3 del libro VII. El examen de los otros ordenamientos políticos

consiste, antes que nada, en decir cuales deben ser los fundamentos en lo que respecta a la ciudad que será constituida bajo nuestros auspicios; **4.2** De hecho, no es posible que
el mejor ordenamiento político nazca sin los recursos correspondientes. Por ello es necesario que hayan sido presupuestas
muchas cosas en conformidad de cuanto auspiciamos y, sin
embargo, que ninguna de ellas sea imposible; quiero decir,
por ejemplo, en relación al número de los ciudadanos y al
territorio. **4.3** Como, de hecho, los demás trabajadores, por
ejemplo un tejedor y un constructor naval deben tener a su
disposición su propia materia prima, que se encuentre en las
condiciones idóneas. **4.4** Entre los recursos de una ciudad
están, antes que nada, el número de los hombres[65]: ¿cuán-
tos y de qué naturaleza deben ser? La mayoría piensan que
es conveniente que la ciudad próspera sea una gran ciudad;
pero si aquello es cierto, ignoran cual es la ciudad grande
y cual es la ciudad pequeña; **4.5** De hecho, aquella grande
la juzgan en base a la entidad numérica de los habitantes[66],
mientras es necesario considerar más la potencia, no la cantidad. La ciudad tiene también su función, por lo tanto hay
necesidad de pensar que la más grande es aquella que puede
cumplirla del mejor modo posible, como ejemplo se podría
decir que no como hombre, sino como médico, Hipócrates es
más grande que quien lo supera por grandeza corpórea. **4.6**
Sin embargo, pese a que es necesario decidir considerando el
número, aquello no debe ser hecho según un número al azar
(porque es inevitable que en las ciudades exista un número
de esclavos, de metecos y de extranjeros), sino considerando
aquellos que forman parte de la ciudad y de los cuales, en
cuanto sus propios elementos, la ciudad está constituida. De
hecho, la prevalencia del número de ésta es el carácter distintivo de una gran ciudad; pero aquella en la cual hay obreros
manuales en gran número y pocos hoplitas es imposible que

---

aparece en el libro II.

[65]Aquí los «hombres» (*ánthropoi*) no son los habitantes genéricos de la polis,
sino sólo y exclusivamente los ciudadanos.

[66]La categoría de los «habitantes» (*enoikontes*) comprende, más allá de los
ciudadanos, también a los extranjeros y a los metecos.

sea grande, porque no son la misma cosa una ciudad grande y llena de gente. **4.7** Seguramente se ve claro a partir de los hechos también lo siguiente: que es difícil, quizás imposible, que la ciudad más populosa tenga buenas leyes. Cuanto menos, entre las ciudades que parecen bien gobernadas, no vemos ninguna que sea indiferente a la multitud. Aquello está claro también gracias a la argumentación racional. **4.8** De hecho, la ley es una forma de orden y es inevitable que la buena legislación comporte el buen orden; pero el número excesivo no puede participar en el orden. De hecho aquello puede ser obra solamente de la potencia divina que engloba también este universo, porque lo bello suele realizarse en el número y en la grandeza. **4.9** Por ello será necesariamente muy bella la ciudad en la cual el mencionado límite devenga junto con la grandeza. Pero existe una medida de la grandeza también para la ciudad[67], como para todas las demás cosas: animales, plantas e instrumentos. **4.10** De hecho ninguno de estos seres, si es demasiado pequeño o de una grandeza excesiva, tendrá su propia capacidad; sino que en un caso estará totalmente privado de su naturaleza, mientras que en otro caso estará en una peor condición, como una embarcación de un palmo de longitud[68] que, de hecho, no será una embarcación, como tampoco lo será una de dos estadios[69]; cualquiera que sea la grandeza a la cual llegue, tendrá una navegación errática, en un caso por su pequeñez, mientras que en el otro por un tamaño excesivo. **4.11** Análogamente también una ciudad: aquella que consta de muy pocos habitantes no será autosuficiente (la ciudad es una realidad autosuficiente[70]), mientras que aquella que consta de demasiados habitantes será autosuficiente en las necesidades primarias, como pueblo, pero no como ciudad[71], porque no es fácil tener

---

[67]La «medida de la grandeza» (*megéthous métron*) es, para una polis, la primera condición de su belleza.

[68]El «palmo» (*spithamé*) corresponde a 22 centímetros.

[69]Dos estadios corresponden a cerca de 350 metros.

[70]La «autosuficiencia» (*autarkía*) de la polis es su independencia económica. Cfr. *Politica* 1,2,8 (1252 b 29).

[71]Un «pueblo» (*éthnos*) puede consistir en la alianza (*symmachía*) entre dos

instituciones políticas. ¿Quién será el dirigente de esta multitud preponderante?¿o quién será el heraldo si no es similar a Esténtor[72]? Por ello es necesario que la ciudad primaria[73] sea aquella constituida por aquel número que es el primer número autosuficiente para vivir bien en la comunidad política. **4.12** Es posible que también aquella que la sobrepasa por número sea una ciudad más grande; pero aquello, como hemos dicho, no es ilimitado. Sea cual sea el límite de la sobreabundancia, es fácil verlo en los hechos. Las actividades de la ciudad son, de hecho, aquellas de los gobernantes y de los gobernados, y la función del gobernante es aquella de ordenar y decidir. **4.13** Para juzgar sobre los derechos y para asignar las cargas según el mérito, es necesario que los ciudadanos se conozcan recíprocamente[74] y sabemos cuales son las respectivas cualidades, porque, donde aquello no sucede, es inevitable que cuanto concierne a las cargas y a los jui-

---

o más grupos. Más a menudo consiste en una «comunidad» (*koínonía*), cuyos miembros pueden estar geográficamente dispersos, pero, sin embargo posee normas consuetudinarias que valen como leyes, relaciones comerciales internas, defensas comunes, matrimonios en su interior, un único jefe; ejemplos de estos casos son Babilonia y Macedonia. La polis, por el contrario, es una comunidad autárquica de ciudadanos que viven según un ordenamiento político preciso, tienen magistraturas comunes y participan, de una forma u otra, en el ejercicio del poder. Mientras el *éthnos* se limita a asegurar a los propios miembros la simple subsistencia, la polis desarrolla la función ética, promoviendo la virtud de los ciudadanos.

[72]«Esténtor de gran corazón, de la voz de bronce, — que gritaba tan fuerte como cincuenta de los otros» (Il., V, 784-787).

[73]La «ciudad primaria» (*próte pólis*) es aquel núcleo elemental de ciudad-Estado que Platón describe en *Rep.* II, 369b-371e. Según Aristóteles la «ciudad primaria» es demasiado pequeña, porque no dispone de aquel mínimo de habitantes necesario para una división satisfactoria del trabajo y para garantizar la autarquía.

[74]Cfr. Plat., *Leyes*, V, 738d: «(...) con el objetivo de que las asambleas de cada barrio, teniendo lugar en los tiempos establecidos, procuren la oportunidad de satisfacer cada necesidad y los ciudadanos se traten con benevolencia recíproca en el curso de los sacrificios y lleguen a ser amigos, y se conozcan; para una ciudad no existe mayor bien que el hecho de que los ciudadanos se conozcan entre ellos». El gobierno directo de la ciudad por parte de los ciudadanos es, de hecho, posible solamente si éstos se conocen recíprocamente.

cios suceda en malas condiciones; en ambas cosas no es justo improvisar, lo que evidentemente ocurre donde existe una excesiva multitud humana. **4.14** Más allá de esto, para extranjeros y metecos es fácil obtener el derecho de ciudadanía, porque no es difícil pasar inadvertido gracias a la sobreabundancia de la multitud. Por lo tanto es evidente que el mejor límite de la ciudad es este: la máxima sobreabundancia numérica que consienta la autosuficiencia para vivir y que sea abarcable con la mirada. Por lo que respecta a la grandeza de la ciudad, las normas son dadas de este modo.

5.1 De un modo similar están las cosas por lo que respecta al territorio. En relación a su cualidad, es evidente que cada uno alabará aquello más autosuficiente (y tal es necesariamente aquello que produce todo, porque autosuficiencia significa tener todo a disposición y no tener necesidad de nada); y, por extensión y grandeza, un territorio así de grande, donde los habitantes puedan vivir como dueños de su tiempo, con liberalidad y al mismo tiempo con templanza[75]. **5.2** Si este límite lo declaramos correctamente o no, será necesario considerarlo a continuación de manera más precisa, cuando deberemos hacer mención, en general, de la posesión y la abundancia de las sustancias, como y en qué modo se debe comportar en su uso. De hecho, muchas son las controversias en tal cuestión, a causa de aquellos que conducen hacia uno u otro exceso de la conducta de vida: unos hacia la tacañería, otros hacia el lujo. **5.3** En relación a la configuración del territorio no es difícil decir (pero en algunas cosas es necesario confiarse a los expertos en estrategia) que para los enemigos debe ser difícil de invadir y para sus habitantes fácilmente evacuable[76]. Más allá de esto, como hemos dicho que la multitud humana debe ser abarcable con la mirada,

---

[75]La relación entre la extensión territorial y el elemento ético aparece reflejado también en Plat. *Leyes*. V, 737d: «el territorio deberá ser de una grandeza suficiente para alimentar a un número determinado de hombres que sean templados (*sófronas óntas*)».

[76]Cfr. Plat., *Leyes*, VI, 761a: «hacer todos los lugares impracticables a los enemigos, practicables al máximo a los amigos».

así lo decimos también por el territorio: ser bien abarcable
con la mirada para el territorio significa ser bien defendible.
En cuanto a la posición[77] de la ciudad, es necesario hacer como hemos auspiciado, conviene que se encuentre en un lugar
favorable respecto al mar o respecto al territorio. **5.4** Un criterio es aquel que ya se ha dicho: es necesario que ella posea
vías de comunicación con todos los lugares, para enviar los
rescates; otro criterio es que esté bien situada en relación a
los transportes de los frutos de la tierra y de la madera para
construir y para cualquier otra actividad de trabajo que el
territorio podría tener[78].

6.1 Sobre la comunicación con el mar, se discute igualmente
si es una vía ventajosa o dañina para las ciudades que tienen
buenas leyes, porque se dice que la acogida de extranjeros
educados bajo otras leyes sea una poco ventajosa para el
buen gobierno, así como la excesiva multitud; que éste último nazca del hecho de que del mar se sirve de una multitud
de mercaderes para exportar e importar, y que sea contrario
al buen gobierno de la ciudad. **6.2** Entonces es evidente que,

---

[77] «Esta idea de defensa del territorio lleva a pensar en la posición de la ciudad, la polis considerada no más como Estado, sino como ciudad propiamente
dicha, la urbs romana. Esta posición, preferiblemente, debe ser central en relación con el resto del territorio y del mar, para permitir una fácil defensa del
conjunto del país (...) Ciertas ciudades, como Esparta y Mesene, estaban lejos
del mar; y a otras, como Tegea o Mantinea, se accedía difícilmente; en otros
lugares, como en Élide y en Argos, una cadena de montes separaba buena parte
del territorio de la ciudad principal; en Asia Menor, ciertas ciudades-Estado
contaban con su asentamiento urbano sobre una isla y el territorio sobre el
continente (...) Atenas, al contrario, une las ventajas del mar a aquellas de un
territorio fácilmente accesible» (J. Aubonnet, *Aristote. Politique*, Paris, 1986,
t. III, p. 161).

[78] «Atenas, por ejemplo, siendo cercana a la costa, está bien situada para
asegurarse un transporte fácil y un mercado de los productos del suelo y del
subsuelo (frutas, legumbres, carnes, madera para la construcción, materiales
toscos y de varios géneros). De los productos agrícolas (...), de los cuales un
territorio como aquel de Atenas ofrece una producción muy variada, Aristóteles
pasa a otros recursos (...) como la explotación de los bosques y la extracción de
minerales de cualquier tipo». (J. Aubonnet, *ibidem*).

si estos hechos[79] no se comprueban, por la seguridad y por la abundancia de las cosas necesarias, es mejor que la ciudad y el territorio tengan acceso al mar[80]. **6.3** De hecho, para resistir más fácilmente a los enemigos, es necesario que aquellos, los cuales deben ser salvados, puedan ser rápidamente rescatados en ambos lados, por tierra y por mar; y para infligir pérdidas a los asaltantes, si no es posible hacerlo sobre ambos lados, a quien tiene acceso a ambos llegará mejor sobre uno o sobre otro «Grecia se defendió contra los Persas sobre el mar, en el Artemisio, y sobre tierra, en Maratón y en Platea; lo mismo hizo Atenas durante la Guerra del Peloponeso, mientras Esparta tuvo que sufrir no pudiendo atacar sobre el mar al invasor tebano» (J. Aubonnet, p. 167). **6.4** Pertenece al ámbito de las necesidades importar aquellas cosas que no se encuentren en el país y exportar el excedente de aquellas que se encuentran en él; es por el beneficio propio, no por aquel de los demás, que la ciudad debe comerciar. Aquellos que se presentan a todos como un mercado, lo hacen con el fin de sacar provecho; pero la ciudad que no debe participar de tal ganancia, no debe poseer tal emporio. **6.5** Si también vemos que muchos territorios y ciudades disponen de escalas y puertos situados respecto a la ciudad de manera natural, de tal modo que no forman parte del centro ciudadano y no están demasiado lejos, pero que son controlados por medio de muros y de otras fortificaciones del género, es evidente que, si existe cualquier ventaja en la comunicación con ellos, la ciudad tendrá esta prerrogativa; si, por el contrario, existe cualquier perjuicio, será fácil defenderse por medio de las

---

[79]La llegada de extranjeros y la superpoblación. Como ejemplo particular de este fenómeno se puede citar aquel de Agrigento, donde al frente de 20000 ciudadanos vinieron a encontrarse 180000 extranjeros (Diod. Sic. XIII, 84, 4).

[80]Las colonias griegas se encuentran por lo demás sobre islas o sobre la costa del Egeo, así, respecto a las ciudades de la Grecia continental, estaban más aventajadas en la importación de los recursos necesarios. El caso límite es aquel de la polis ateniense, que ejerce la hegemonía marítima: «todo aquello que hay de delicioso en Sicilia, en Italia, en Chipre, en Lidia, en el Ponto, en el Peloponeso o cualquier otro lugar, todo aquello se acumula en un solo lugar, gracias al dominio del mar» (Xenoph., *Resp. Ath.*, II, 7).

leyes, ordenando y determinando qué personas deben tener relaciones recíprocas y cuales no deben tenerlas. **6.6** Respecto a la fuerza naval, es evidente que lo mejor es tenerla, hasta una cierta cantidad (porque necesita hacerse respetar, no solo por parte de los propios ciudadanos, sino también entre los vecinos, y estar en condiciones de ofrecer rescate, tanto sobre tierra como sobre el mar). **6.7** Pero respecto a la cantidad y la grandeza de esta fuerza, es necesario considerar el tipo de vida de la ciudad: en el caso de vivir una vida de hegemonía y de relaciones políticas, será necesario que también esta fuerza sea proporcional a sus empresas. Entonces no es necesario que en las ciudades se de una multitud dada de una masa de marineros: de hecho no es necesario que ellos formen parte de la ciudad. **6.8** De hecho la infantería de marina está constituida por hombres libres y acostumbrados a marchar por tierra, y éstos tienen el control y el mando de la navegación; si existe una cantidad de periecos y de cultivadores de la tierra, necesariamente se dará abundancia también de marineros. Vemos que aquello se verifica actualmente para algunas ciudades, como por ejemplo aquella de Heraclea: llenan de hombres muchos trirremes, también si poseen una ciudad que, en cuanto a grandeza, es más modesta que otras. **6.9** Acerca del territorio, los puertos, las ciudades, el mar y respecto a la fuerza naval las normas sean dadas de este modo; sobre la cantidad de los ciudadanos, hemos dicho antes cual es el límite que debe tener.

Cicerón. La posición ideal de Roma

El *De re publica*, iniciado en el año 54 a.C y publicado en el 51 a.C, antes de la partida de Cicerón hacia la Cilicia, se presenta bajo la forma de un diálogo que se supone que tuvo lugar durante el invierno del 129 a.C, durante los tres días de las *feriae Latinae*, en los huertos suburbanos de Publio Cornelio Escipión Emiliano Africano Menor, entre éste último y algunas personalidades del círculo de los Escipiones: Gayo Fannio, Espurio Mumio, Manio Manilio, Lucio Filo, Quinto Elio Tuberón y Publio Rutilio Rufo.

La obra, en cuyo título resuena aquel de la *Politeia* platónica (así como el *De legibus* nos remite a los *Nomoi*), se articula en seis libros, dos por cada día de las ferias.

En el libro primero la *res publica* viene definida como *res populi*, «ente del pueblo», o sea organización unitaria de un agregado humano cuya solidaridad no está solamente al servicio del bien común, sino, antes todavía, de una común conciencia jurídica (*coetus multitudinis iuris consensu et utilitatis communione sociatus*). Las formas constitutivas (*constitutiones*) que un Estado puede asumir pueden ser reducidas a tres: ordenamiento regio (*regnum*), aristocracia (*optimatum dominatus*) y democracia (*civitas popularis*). Mientras el ordenamiento regio es, por muchas razones, el mejor y aquel aristocrático es loable en la medida que se mantiene lejos, ya sea de la arbitrariedad de un individuo como de la desenfrenada licencia de los muchos individuos, por el contrario, la democracia es el peor sistema y el más injusto entre todos, porque iguala en derechos y no distribuye las funciones y los honores en virtud de las diferentes capacidades y de los diversos méritos de los individuos (*ipsa aequitas iniquissima est*). Pero cuando viene a faltar el equilibrio entre los varios componentes sociales, cada una de estas formas políticas degenera: la monarquía se convierte en tiranía, la aristocracia en oligarquía y la democracia en oclocracia. Como la mejor de las tres formas de Estado mencionadas se propone entonces una cuarta, que reconcilia armónicamente el principio monárquico, aquel aristocrático y aquel popular: «De hecho me parece oportuno —dice Escipión— que en el Estado exista algo preeminente y real; que otro sea asignado y atribuido a la autoridad de los ciudadanos eminentes; que ciertos asuntos sean reservados al juicio y a la voluntad de la multitud».

La manifestación histórica ejemplar de esta cuarta forma de gobierno es aquella del Estado romano, que ha sabido instaurar una perfecta armonía entre los principios de la *auctoritas*, *potestas* y *libertas*, respectivamente representadas por el senado, por los cónsules y por el pueblo. Por ello el libro II, tomando en examen este modelo concreto, se remonta a los orígenes de las instituciones romanas y, estudiando el proceso de desarrollo de la historia de Roma, toma lo más destacado de aquellas fases esenciales a través de las cuales llega a realizar una *civitas*, proporcionada y equilibrada en sus componentes constitutivos.

La parte central del *De re publica* (libros III-IV) está reservada principalmente al tema de la justicia, porque el Estado se funda sobre la justicia. A Furio Filo, que relata el célebre discurso del filósofo académico y escéptico Carnéades contra la doctrina estoica de la justicia natural, Lelio responde que el fundamento del gobierno público no es la utilidad y la violencia, sino el derecho natural, que se remonta a la naturaleza misma. Contra las tesis escépticas y epicúreas, según las cuales la justicia sería el efecto de un cálculo para no incurrir en las penas establecidas por el Estado, de modo que se afirma que la justicia es el bien absoluto, la suma virtud y la perfección interior. Sin embargo ella no es suficiente para garantizar la estabilidad de las leyes y la felicidad del Estado: de aquí la importancia de la educación, que debe inculcar en los jóvenes el amor por la virtud, la obediencia a las leyes y el respeto por el culto.

En el fragmento que traducimos a continuación (*De re publica*, II, 3-6), Cicerón pone de relieve la idoneidad del lugar en el cual fue fundada Roma. El tema de la posición geográfica de la ciudad ya había sido afrontado por Platón, el cual se había mostrado contrario a la cercanía al mar por los daños que se habrían derivado de esa situación (*Leyes* 4, 704b ss.), y de Aristóteles, que había analizado ventajas y desventajas de una ubicación tal (*Político* 7, 6, 1327a, 3 ss.). Cicerón considera que en el caso de Roma a los aspectos positivos de la distancia del mar se unen aquellos, de igual manera positivos, de la navegabilidad del Tíber. Una ciudad ubicada en un punto tan favorable, concluye Cicerón, «habría ofrecido sede y morada a un inmenso imperio. De hecho, ninguna ciudad situada en otra parte de Italia habría podido mantener más fácilmente esta gran potencia».

Tito Livio hará propia la opinión de Cicerón, atribuyendo al dictador Camilo estas palabras: «No sin una razón los dioses y los hombres eligieron este lugar para fundar la Ciudad: colinas salubérrimas, un río adaptado para traernos los productos de las regiones internas y recibir las importaciones marítimas; un lugar cercano al mar para nuestras necesidades, pero de una cercanía no demasiado expuesta a las amenazas de las flotas extranjeras; un lugar central en los territorios de Italia, predispuesto como ningún otro lo ha estado al desarrollo de una ciudad» (*Ab Urbe condita*, V, 54).

Completada esta gloriosa empresa[81], se dice que pensó en primer lugar en fundar una ciudad, tras haber consultado los auspicios y consolidar el Estado. Con increíble agudeza eligió un lugar para la ciudad: cosa a la cual debe proveer con la máxima atención quien busca implantar un Estado duradero. De hecho no la coloca cercana al mar, algo que le habría resultado muy fácil con la fuerza de aquellas legiones, penetrando en el territorio de los Rútulos[82] y de los Aborígenes[83] o fundando él mismo la ciudad cerca de la desembocadura del Tíber[84], en el lugar en el cual muchos años después levantó una colonia el rey Anco; pero, como hombre de excelsa previsión, comprendió e intuyó: que las posiciones cercanas al mar no son las más idóneas para aquellas ciudades que son fundadas con la esperanza de ser duraderas y de dominio, en primer lugar porque las ciudades de mar están expuestas a peligros no solo numerosos, sino también imprevisibles[85].

De hecho, con muchos indicios y, por así decirlo, con un cierto fragor y con el retumbar mismo, la tierra firme preludia las incursiones de los enemigos, no solo aquellas esperadas, sino también las improvisadas; ni en realidad enemigo alguno podría venir rápidamente a través de tierra, sin que podamos saberlo, no solo que ha

---

[81]La conquista de Alba Longa.

[82]Los Rútulos tenían su capital en Ardea, a cinco kilómetros del mar. Cfr. Plinio, *Naturalis historia*, 31, 89.

[83]Los Aborígenes eran la población indígena del Lazio. Cfr. Ennio, 1, 21; Livio, I, 33.

[84]La fundación de la colonia de Ostia viene atribuida por la tradición a Anco Marcio. Cfr. Livio, I, 33; Dionisio, III, 44; Estrabón, V, 232.

[85]Cfr. Platón, *Leyes*, 4, 704b ss.; Aristóteles, *Política*, 7, 6, 1327a, 3 ss.

llegado, sino también quién es y de donde es. En su lugar el enemigo que viene del mar y sobre las naves puede llegar antes de que
alguien pueda sospechar su presencia; ni cuando viene él da cuenta
de quién es, de donde viene, o qué quiere; en suma, no se puede
discernir y juzgar, desde ningún indicio, si hay intenciones pacíficas
o belicosas.

Entonces, en las ciudades del mar existe también una verdadera
y propia corrupción, así como depravación moral; de hecho existen
nuevas mezclas de lenguas y doctrinas, así como se importan no sólo
mercancías extranjeras, sino también costumbres, de modo que en
las instituciones patrias nada puede permanecer íntegro. Aquellos
que habitan en estas ciudades no son atacados en sus sedes, sino por
esperanzas y pensamientos mutables que son empujados continuamente lejos de la patria, y también cuando permanecen en ella con
el cuerpo, aunque con el ánimo viven en el exilio y vagabundean.
Ni tampoco causa alguna arruinó después de una larga decadencia
a Cartago y Corinto, si no este vagabundear y esta dispersión de
los ciudadanos, porque para el deseo de traficar y navegar habían
abandonado la cultivación de los campos y la práctica de las armas.

Desde el mar también vienen suministrados muchos incentivos
en la disolución (las cosas que vienen depredadas o importadas),
ruinosos para las comunidades políticas; y también la amenidad
de los lugares comporta en sí misma muchas seducciones de las
pasiones, que son caras o resultan indolentes. Y aquello que he dicho
de Corinto, no sé si es lícito decirlo, en realidad, de toda Grecia; de
hecho el Peloponeso mismo mantiene casi todo su territorio sobre el
mar y, a excepción de los Fliasios[86], no existen otros cuyos territorios
no toquen el mar[87], mientras fuera del Peloponeso solamente los
Enianos, la Dórida y los Dolopios están lejos del mar. ¿Qué decir
de las islas de Grecia? Rodeadas por las olas, ellas también nadan,
se podría decir, junto con las instituciones y las costumbres de las

---

[86]En la carta *Ad Atticum*, VI, 2, 3, Cicerón se disculpa por las noticias inexac-
tas deducidas por Dicearco y corrige en *Phliasios* el *Phliuntios* del texto.

[87]Los Enianos habitaban el alto valle del Esperqueo, los Dorios la zona comprendida entre la Fócida y el Epiro y los Dolopios la parte sudoccidental de la
Tesalia.

comunidades políticas.

Y esto, como he dicho anteriormente, respecto a la Grecia antigua. ¿Pero cuál es la colonia fundada por los Griegos en Asia, Tracia, Italia, Sicilia y África que, a excepción de Magnesia[88], no esté bañada por las olas marinas? Así parece que en cierto modo las orillas griegas se unen a los territorios de los bárbaros; de hecho, entre los bárbaros mismos no había marineros previamente, a excepción de los Etruscos y los Púnicos: los Etruscos para comerciar, los Púnicos para ejercer la piratería[89]. Esta es la causa evidente de los males y de las transformaciones de Grecia, para aquellos inconvenientes de las ciudades marítimas a las cuales he señalado muy brevemente anteriormente. Pero, sin embargo, en estos inconvenientes está implícita la gran ventaja que sabemos: aquello que se encuentra en una parte cualquiera del mundo habitado puede llegar a través del mar a la ciudad, en la cual se habita y, viceversa, aquello que sus campos producen, se puede llevar y enviar a cualquier tierra si se quiere.

¿Cómo entonces Rómulo habría podido, de manera más inspirada, asegurarse de las ventajas del mar y evitar sus inconvenientes, si no situando la ciudad sobre las orillas de un río perenne y constante que desemboca en el mar a través de una amplia desembocadura? Por su curso la ciudad habría podido recibir del mar aquello que necesitase y devolver aquello que tuviese en sobreabundancia; por el curso del mismo río no solo habría absorbido del mar las cosas más necesarias en la vida y en la cultura, sino que también habría recibido aquellas transportadas por tierra, de modo que me parece que desde entonces él habría previsto que un día esta ciudad se ofrecería como sede y morada para un inmenso imperio. De hecho, ninguna ciudad situada en ninguna otra parte de Italia habría podido mantener más fácilmente esta gran potencia[90].

¿Quién es así de descuidado, como para no tener impresas y

---

[88]Hay dos ciudades con el nombre de Magnesia, ambas alejadas del mar: una sobre el río Meandro, y la otra sobre el monte Sipilo. No está claro de cual habla Cicerón.

[89]Cfr. Estrabón, V, 2, 2, C219.

[90]Cfr. Livio, V, 54.

claramente diferenciadas en la mente las defensas naturales de la misma ciudad? El trazado y la andadura de sus muros, gracias a la sabiduría de Rómulo, pero también de los demás reyes, fue demilitado para cada parte de montes arduos y escarpados; de un modo tal que el único acceso, que se encontraba entre el monte Esquilino y el Quirinal, estaba bloqueado por un foso larguísimo y por un enorme terraplén elevado como defensa; y la roca, así protegida, se apoyaba sobre una base circular inaccesible y sobre un acantilado casi tallado a su alrededor, de modo que permaneciese incólume e intacta también ante la horrible circunstancia de la invasión gala. Y eligió un lugar abundante de fuentes y saludable, aunque en una zona malsana: de hecho también hay colinas, que no solo permanecen aireadas ellas mismas, sino que también acarrean sombras a los valles.

Estrabón, el geógrafo del Imperio

Estrabón nació en el 64–63 a.C en Amasea (hoy Amasya, a 335 kilómetros al nordeste de Ankara), ciudad que había sido la residencia de los reyes del Ponto; su familia se jactaba de tener entre sus miembros a dos amigos de Mitrídates VI Eupator, uno de los cuales fue sacerdote en Comana, en la Capadocia, mientras que el otro había gobernado la Cólquida. Originario de una región en la cual Europa interaccionaba con Oriente, este noble anatólico de cultura helenística tenía acceso a ricas y detalladas informaciones sobre Anatolia y sobre las regiones vecinas pero, especialmente, se encontraba en la posición más adaptada para relatar a los propios lectores un mundo extremadamente variado, que buscaba la propia unidad en la cultura de Grecia y en la ley de Roma.

Estrabón hizo una estancia en Roma entre el 44 y el 35 a.C, para instruirse en gramática en la escuela de Tiranión, un filósofo peripatético experto en geografía, así que no es ilícito hipotetizar que haya sido «justamente él quien ejerció una cierta influencia sobre Estrabón, solicitando este campo de estudio[91]». Discípulo de maestros aristotélicos, Estrabón se acercó con todo esto al estoicismo, extrayendo la concepción de un saber que debía traducirse en acción política; en una perspectiva tal, el estudio de la geografía también debía resultar útil a los hombres de gobierno; de hecho la *Pax Romana* instaurada por Augusto y por Tiberio confirmaba a los estoicos la idea de que el Imperio fuese el instrumento elegido por la *Prónoia*[92], la divina Providencia, por el bien del género humano[93].

Estrabón volvió a Roma en más ocasiones, pero también hizo largos viajes en Europa, en Asia y en África; en el 24 a.C acompañó a un general de Augusto, Elio Galo, en una expedición a Arabia. Él mismo nos indica los límites extremos alcanzados a través de su experiencia como viajero: al norte el Ponto Euxino, al Sur el alto valle del Nilo hasta los confines de Etiopía, al Este Armenia y al Oeste Etruria. Volvió a la Patria después del 7 a.C y permaneció allí hasta su muerte, que sucedió en el tercer decenio del siglo I d.C, en un año difícil de precisar.

De los comentarios históricos (*Historikà hypomnémata*), obra de 47 volúmenes en la cual Estrabón continuaba la obra de Polibio extendiendo la narración hasta la fundación del Imperio, nos ha llegado solamente una veintena de fragmentos. Poseemos en su lugar la versión casi íntegra de la Geografía (*Geografiká*), en 17 libros, una descripción del mundo habitado basada sustancialmente sobre el mapa trazado por Eratóstenes y nutrido por las informaciones

---

[91]A.M Biraschi, *Introduzione a: Strabone, Geografia*. L'Italia, Libri V-VI, BUR, Milán, 2001, p.6.

[92]Sobre la importancia de la Prónoia en la visión de Estrabón, véase P. Thollard, *Barbarie et civilisation chez Strabon. Étude critique des livres III et IV de la Géographie*, París, 1987.

[93]«La admiración del geógrafo de Amasea por la organización del Imperio es inseparable de su admiración por el Emperador (...) La imagen de Augusto que nos describe Estrabón es una hermosa imagen de un soberano. (...) Por lo demás, el Imperio Romano, que se extiende prácticamente hasta los límites del mundo habitado y es guiado por un monarca iluminado, parece traducir en la realidad de los hechos el ideal del estoico Estrabón» (G. Aujac, *Introduction, Strabon, Géographie*, Tome I, Livre I, Les Belles Lettres, París, 1969, pp. XIX-XX).

deducidas de diversas fuentes: Posidonio de Apamea, Polibio, Artemidoro, Apolodoro de Atenas, Demetrio de Escepsis, Apolodoro de Artemisa, Megástenes, Aristóbulo, Nearco y muchos otros. Es el más vasto y notable tratado de geografía que nos ha llegado de la Antigüedad griega, una fuente preciosa no solo por el conocimiento de la geografía antigua, sino, en general, por los estudios sobre la Antigüedad greco-romana. Partiendo de las Columnas de Hércules, Estrabón pasa reseña de la Iberia (I.III), la Galia y la Britania (I.IV), Italia y Sicilia (II.V-VI), las regiones al Norte y al Sur del Danubio (I. XI), Grecia y las islas (II. VIII-X), las regiones caucásicas (I. XI), la península anatólica (II.XII-XIV), la India y Persia (I.XV), Asiria, Siria y Arabia (I.XVI), Egipto, Etiopía y Libia (I.XVII).

En los Prolegómenos de la obra (II.I-II), antes de trazar los lineamientos críticos de una historia de la ciencia geográfica que parte de Homero, considerado autoridad indiscutible, el autor expone su propia concepción de la geografía, que es para él una disciplina filosófica. Si para Polibio el estudio de la historia constituye «la más auténtica instrucción y preparación para las actividades políticas[94]», para Estrabón, continuador de la obra de Polibio, «la historia y la geografía se completan respectivamente, y casi necesariamente, porque ambas tienen por objeto al hombre. El hombre en el tiempo y el hombre en el espacio: que son los elementos indispensables para determinar un hecho histórico concreto[95]». Y el conocimiento geográfico, de forma no diferente a aquel histórico, es indispensable para el hombre político, así como es útil para los jefes militares y para los administradores, a «cualquiera que de un modo u otro

---

[94]Polibio, I, I.

[95]R. Cantarella, *Letteratura greca*, Società Editrice Dante Alighieri, Milán-Roma, 1961, p. 582. Cfr. Del Corno: «Estrabón reivindica para los estudios geográficos la naturaleza de disciplina "filosófica", queriendo con ello entender que su objeto es el hombre, en cuanto a protagonista del espacio en el que vive. La geografía se acerca así a la historia, que es la dimensión temporal de la experiencia humana, en una relación de estrecha integración» (D. Del Corno, *Letteratura greca*, Principato, Milán, 1995, p. 568).

pueda influir sensiblemente sobre la vida de los hombres[96]».

En este sentido la geografía de Estrabón, poco interesada en las cuestiones astronómicas y físicas, aunque no puede evitarlo en absoluto[97], puede ser catalogada como «aquella que nosotros llamaremos geografía histórica[98]», o bien como «una geografía política, que se dirige especialmente a quien gobierna para ofrecerle un instrumento para gobernar mejor[99]». No solo, sino, en cuanto prefija el objetivo de servir al hombre de acción haciéndole conocer el teatro de su actuación, ella contiene evidentes «implicaciones geopolíticas», como ha sido destacado por Antonio Garzya: «es necesario destacar de Estrabón la importancia histórica por el hecho de que con él se llega a la definición teórica del concepto de antropogeografía, con sus varias implicaciones: geopolíticas, geoculturales etc[100]».

La exigencia de disponer de conocimientos geográficos adecuados, correspondientes a la misión histórica de Roma había sido advertida por Augusto, el cual había confiado a M. Vipsanio Agrippa el cometido de diseñar aquel mapa del mundo habitado que, después de la muerte de su autor, acontecida prematuramente en el 12 a.C, fue terminada y colocada bajo el *porticus Vipsania*. Sin embargo, no es necesario suponer[101] que Estrabón reemplazó a Agrippa (identificable con el «corógrafo», al cual se hace alusión en varias ocasiones en los libros V-VI), que había escrito los *Geografiká* para Augusto; alguno ha hipotetizado que haya sido de cualquier modo Tiberio, en los primeros años de su principado, quien indujo a Estrabón a completar la obra ya iniciada desde hacía tiempo[102].

---

[96]G. Aujac, op. cit., p. XXV.

[97]«Sin embargo Estrabón mismo se da cuenta de que, ocupándose de la geografía descriptiva, no podía hacer menos de la matemática, de la física y de la astronomía» (M. Pohlenz, *La Stoa, storia di un movimento spirituale*, La Nuova Italia, Florencia, 1967, vol. II, p. 172).

[98]C. Del Grande, *Storia della letteratura greca*, Loffredo, Nápoles, 1964, p. 357.

[99]C. Nicolet, *L'inventario del mondo. Geografia e politica alle origini dell'Impero Romano*, Laterza, Bari-Roma, 1989, p. 68.

[100]A. Garzya, *Storia della letteratura greca*, Paravia, Turín, 1972, p. 305.

[101]W. Aly, *Strabon von Amaseia*, Bonn, 1957, p. 398.

[102]F. Sbordone, *L'impero di Tiberio e la redazione definitiva della geografia di*

En cualquier caso, si se quiere tener un trasfondo histórico sobre el cual colocar las «implicaciones geoculturales» de la geografía
estraboniana, no es posible prescindir de importantes acontecimientos y aspectos político-militares del principado augusteo como la
contención de la amenaza de los Partos y la derrota de Teutobur-
go, hechos que debieron imponer al geógrafo político una atenta
reflexión sobre la realidad de los pueblos bárbaros en los confines
del Imperio. Por lo que respecta a los bárbaros, el juicio de Estrabón oscila entre la tradicional condena griega de sus costumbres y
la conciencia del hecho de que elementos de civilización están presentes también en las áreas periféricas. Sin embargo es un interés
relativo aquel que Estrabón muestra por las aristocracias bárbaras,
un interés «dirigido tanto a las hábitos de vida como, aunque sea
más raramente, a las estructuras políticas, tratadas con la distancia de quien observa, en contraste con la máquina estatal romana,
extraños modos de gestionar la vida pública[103]».

Y no solamente atraen su atención los lugares habitados por
los bárbaros, sino también los asentamientos del mundo civil. Los
desiertos y las cadenas montañosas revisten para él una importancia
como confines naturales; «también los ríos desarrollan la misma
función y, al mismo tiempo, son mencionados porque a lo largo de
su curso surgen ciudades y pueblos, o porque permiten el transporte
de madera y de mercancías[104]». La intensificación de los tráficos
fluviales y, en general, la apertura de nuevas vías de comunicación,
son los medios a través de los cuales se realiza la integración de los
bárbaros con Roma, así como el mar es esencial para el desarrollo
de la civilización.

En el siglo I del Imperio, que según el dicho de Rutilio Namaziano ve a Roma empeñada en construir una ciudad de aquello que
antes era un mundo, el viejo dualismo griego tierra-mar (*paralía-
mesógeia*) se recompone en la unidad del *kósmos* imperial, el cual

---

Strabone, «Annuario celebrativo del Liceo», Maddaloni, 1958, pp. 51-59.

[103]F. Trotta, *La descrizione dell'Iberia e della Gallia*, en: *Strabone, Geografia.
Iberia e Gallia*. Libri III y IV, BUR, Milán, 1996, p. 22.

[104]R. Nicolai - G. Traina, Introduzione a: *Strabone, Geografia. Il Caucaso e
l'Asia Minore*. Libri XI-XII, BUR, Milán, 2000, p.26.

viene acompañado de una gran revolución espacial. «El planisferio de Agrippa y la geografía de Estrabón —ha escrito Carl Schmitt— son documentos que testimonian esta ampliación del espacio[105]».

---

[105]Carl Schmitt, *Terra e mare*, Adelphi, Milán, 2002, p. 62.

Capítulo IV

Geopolítica, geografía sagrada y geofilosofía

Según una definición total que entiende sintetizar aquellas aportaciones ofrecidas por varios estudiosos, la geopolítica puede ser considerada como «el estudio de las relaciones internacionales en una perspectiva espacial y geográfica, donde se considere la influencia de factores geográficos sobre la política exterior de los Estados y las rivalidades de poder sobre territorios contenidos entre dos o más Estados, o bien entre diversos grupos políticos o movimientos armados[106]».

Por grande que sea el peso atribuido a los factores geográficos, sin embargo persiste la relación de la geopolítica con la doctrina del Estado, por lo que es natural una pregunta que, hasta ahora, no parece haber invitado a la reflexión de los estudiosos. La cuestión es la siguiente: ¿sería posible aplicar también a la geopolítica la célebre afirmación de Carl Schmitt, según la cual «los conceptos fundamentales de la moderna doctrina del Estado son conceptos teológicos secularizados[107]»? En otras palabras, ¿es hipotetizable

---

[106]Emidio Diodato, *Che cos'è la geopolitica*, Carocci, Roma, 2011.

[107]Carl Schmitt, *Teologia politica. Quattro capitoli sulla dottrina della sovrania*, trad. it. de P. Schiera, en: C. Schmitt, *Le categorie del politico*, editado por G. Miglio - P. Schiera, Il Mulino, Bolonia, 1972, p. 61.

que la misma geopolítica represente un eco moderno, si no una derivación secularizada, de los conceptos teológicos vinculados a la «geografía sagrada»?

Si fuese así, la geopolítica se encontraría en una situación, en ciertos aspectos, análoga no solamente a la «moderna ciencia del Estado», sino a la generalidad de las ciencias modernas. Para ser más explícitos, recurramos a una cita de René Guénon: «Separando radicalmente las ciencias de todo principio superior con el pretexto de asegurar su independencia, la concepción moderna las ha privado de todo significado profundo, e incluso de todo interés verdadero desde el punto de vista del conocimiento: y ellas están condenadas a terminar en un callejón sin salida, porque esta concepción las encierra en un dominio irremediablemente limitado[108]».

Por lo que respecta en particular a la «geografía sagrada», a la cual, según nuestras hipótesis, se vincula de cualquier modo la geopolítica, es todavía Guénon el que nos ofrece un indicio a tal respecto: «Existe realmente —escribe Guénon— una "geografía sagrada" o tradicional que los modernos ignoran completamente, así como todos los demás conocimientos del mismo género: existe un simbolismo geográfico como existe un simbolismo histórico, y es el valor simbólico el que da a las cosas un significado profundo, porque es el medio que establece su correspondencia con las realidades de orden superior; pero, para determinar de forma efectiva esta correspondencia, es necesario ser capaces, de una manera u otra, de percibir en las mismas cosas el reflejo de aquellas realidades. Es por esto que existen lugares particularmente adaptados a servir de "soporte" a la acción de las "influencias espirituales", y es en base a aquello sobre lo que siempre se ha basado la instalación de ciertos "centros" tradicionales principales o secundarios, de los cuales los "oráculos" de la Antigüedad y los lugares de peregrinaje conforman los ejemplos exteriormente más llamativos; por el contrario existen también otros lugares que son, particularmente, no menos favorables al manifestarse de "influencias" de carácter totalmente opuesto,

---

[108]René Guénon, *La crisi del mondo moderno*, Edizioni dell'Ascia, Roma, 1953, p. 66.

pertenecientes a las más bajas zonas del dominio sutil[109]».

No podemos excluir que un vestigio de la «geografía sagrada» sea identificable en algunas características nociones geopolíticas, que podrían ser por ello schmitianamente consideradas «conceptos teológicos secularizados». Por ejemplo, pueden ser considerados términos mackindernianos como *Heartland* y *pivot area*, los cuales, reclamando de manera explícita el simbolismo del corazón y el simbolismo axial, vuelven a proponer de cualquier manera aquella idea de «Centro del Mundo», que los antiguos representaron a través de una variedad de símbolos geográficos y no geográficos. En más ocasiones se nos ha ofrecido la ocasión para observar que, si la ciencia de las religiones ha mostrado que el *homo religiosus* «aspira a vivir lo más cercano posible al Centro del Mundo y sabe que su país se encuentra efectivamente en el centro de la superficie terrestre[110]», esta concepción no ha desaparecido con la visión «arcaica» del mundo, sino que ha sobrevivido de un modo más o menos consciente en contextos histórico-culturales más recientes[111]».

Por otro lado, entre los términos geográficos y geopolíticos hay algunos que las culturas tradicionales han utilizado para designar la realidad perteneciente a la esfera espiritual. Es el caso del término *polo*, que en el léxico del esoterismo islámico indica el vértice de la jerarquía iniciática (*al-qutb*); es el caso de *istmo*, que en la forma árabe (*al-barzakh*) indica aquel mundo intermedio al cual se refiere también la expresión geográfica de origen coránico: «confluencia de los dos mares» (*majma'al bahrayn*), «confluencia, esto es, del mundo de las Ideas puras con el mundo de los objetos sensibles[112]».

---

[109]René Guénon, *Il regno della quantità e i segni dei tempi*, Edizioni Studi Tradizionali, Turín, 1969, pp. 162.

[110]Mircea Eliade, *Il sacro e il profano*, Boringhieri, Turín, 1967, p. 42.

[111]Claudio Mutti, *La funzione eurasiatica dell'Iran*, «Eurasia», 2, 2012, p. 176; *Geopolitica del nazionalcomunismo romeno*, en: Marco Costa, *Conducator. L'edificazione del socialismo romeno*, Edizioni all'insegna del Veltro, Parma, 2012.

[112]Henry Corbin, *L'immagine del Tempio*, Boringhieri, Turín, 1983, p. 154. Sobre *barzakh*, cfr. Glauco Giuliano, *L'immagine del tempo in Henry Corbin*, Mimesis, Milán-Údine 209, pp. 97-123.

Pero el mismo concepto de Eurasia puede ser asignado a la categoría de los «conceptos teológicos secularizados».

De hecho es el más antiguo texto teológico de los Griegos, la *Teogonía* de Hesíodo, el que nos cuenta «Europa (...) y Asia[113]» entre las hijas de Océano y de Tetis, la «sagrada estirpe de hijas (*thygatéron hieròn génos*) que sobre la tierra —educan a los hombres hasta la juventud junto con el Señor Apolo— y con los Ríos: esta suerte les viene a ellas de Zeus[114]».

Hay que tener en cuenta que entre las hermanas de Europa y de Asia figura también Perseis, el nombre de la cual está significativamente conectado no solo con aquel del griego Perseo, sino también con aquel de Perses, hijo de él y progenitor de los Persas. Escuchamos ahora al teólogo de la historia: «Pero después de que Perseo, hijo de Danae y de Zeus, llegase donde Cefeo, hijo de Belo, y se esposase con su hija Andrómeda, nació un hijo, al cual puso el nombre de de Perses; y lo dejó allí, porque Cefeo se encontraba privado de filiación masculina. A partir de él (los persas) tuvieron nombre[115]».

El estrecho parentesco de Asia con Europa es proclamado, en definitiva, también por el teólogo de la tragedia, el cual, en el párodo de los Persas nos presenta a Persia y a Grecia como dos «hermanas de sangre, de una misma estirpe (*kasignéta génous tautoû*[116])», mostrándonos a «los absolutamente distintos (los Dos que, en Heródoto, no pueden no empezar una guerra) como en la raíz inseparables[117]». Tal es el comentario de Massimo Cacciari, al cual la imagen esquilea, representativa de la radical conexión de Europa y de Asia, ha dado lugar a la inspiración para concebir el proyecto de una «geofilosofía de Europa».

Fabio Falchi, yendo todavía más allá, traza las líneas de una «geofilosofía de Eurasia[118]». Tomando la perspectiva corbiniana de

---

[113]Hesiodo, *Teogonia*, 357-359.

[114]Hesiodo, *Teogonia*, 346-348.

[115]Herodoto, VII, 61, 3.

[116]Esquilo, *Persiani*, 185-186. Sobre esta imagen, cfr. C. Mutti, *L'Iran in Europa*, «Eurasia», 1, 2008, pp. 33-34.

[117]Massimo Cacciari, *Geofilosofia dell'Europa*, Adelphi, Milán, 1994, p. 19.

[118]Fabio Falchi, *Lo spazio interiore del mondo. Geofilosofia dell'Eurasia*, Anteo

Eurasia como lugar ontológico de la teofanía[119], este autor ambiciona hacer de la posición geofilosófica la condición de paso a aquella «geosófica, la cual es completamente inteligible si, y solo con esa condición, es puesta en relación con la perspectiva metafísica[120]».

Ed., Cavriago, 2013.

[119] «Eurasia es, hoy para nosotros, la modalidad geográfico-geosófica del *Mundus imaginalis*» (Glauco Giuliano, *L'immagine del tempo in Henry Corbin*, cit., p. 40).

[120] Glauco Giuliano, *Tempus discretum. Henry Corbin all'Oriente dell'Occidente*, Edizioni Torre d'Ercole, Travagliato (Brescia), 2012, p. 16.

Capítulo V

La geopolítica de las lenguas

En estas condiciones solamente pueden existir lenguas vencedoras y lenguas vencidas

— J.V. Stalin, *Al compañero Kholopov*, 28 de julio de 1950

Lengua e Imperio

Sı el término *geolingüística* no fuese ya utilizado por los glotólogos para definir la geografía lingüística o lingüística areal, o sea, el estudio de la difusión geográfica de los fenómenos lingüísticos, podría usarse para definir la geopolítica de las lenguas, la función del factor lingüístico en la relación entre el espacio físico y el espacio político. Esta posibilidad está sugerida no sólo por la existencia de compuestos nominales análogos, como la *geohistoria*, la *geofilosofía* o la *geoeconomía*, sino también por la relación de la geopolítica de las lenguas con la disciplina designada por uno de tales términos: la *geoestrategia*.

«*La lengua es compañera del imperio*[121]»; el nexo entre hegemonía lingüística y hegemonía político-militar, naturalmente repre-

---

[121]En castellano original.

sentado por el gramático y lexicógrafo Elio Antonio Nebrija (1441-1522), complementa la definición que el Mariscal de Francia Louis Lyautey (1854-1934) dio de la lengua: «Un dialecto que tiene un ejército y una marina». En el mismo orden de ideas se inspira el general Jordis Von Lohausen (1907-2002), cuando prescribe que «la política lingüística debe ser colocada sobre el mismo plano que la política militar» y afirma que «los libros en lengua original desempeñan una función en el exterior quizás más importante que aquella de los cañones[122]». De hecho, según el geopolítico austriaco, «la difusión de una lengua es más importante que cualquier otra forma de expansión, porque la espada solo puede delimitar el territorio y la economía explotarlo, pero la lengua conserva y completa el territorio conquistado[123]. Es este, por otra parte, el sentido de la célebre frase de Anton Zischka (1904-1997): «Preferimos los profesores de lenguas a los militares».

La afirmación del general Von Lohausen podría ser ilustrada por una vasta gama de ejemplos históricos, a partir del caso del Imperio romano, que entre sus factores de potencia tuvo la difusión del latín: un habla campesina que con el desarrollo político de Roma se convirtió, en concurrencia con el griego, en la segunda lengua del mundo antiguo, usada por los pueblos del Imperio, no por obligación, sino inducidos por el prestigio de Roma. Desde un principio el latín sirvió a las poblaciones sometidas para comunicarse con los soldados, los funcionarios y los colonos; a continuación se convirtió en el signo distintivo de la comunidad romana.

Sin embargo, el espacio imperial romano, que durante medio milenio constituyó una única patria para las *diversae gentes* comprendidas entre el Atlántico y Mesopotamia y la Britania y Libia, no correspondió a una única lengua: el proceso de latinización fue más lento y difícil cuando los Romanos se encontraron en contacto con los territorios en los cuales se hablaba lengua griega, expresión y vehículo de una cultura que disfrutaba, en los ambientes de la pro-

---

[122]Jordis von Lohausen, *Les empires et la puissance*, Editions du Labyrinthe, Arpajon 1996, p.49.

[123]Jordis von Lohausen, *ibidem*.

pia *élite* romana, de un prestigio superior. Entonces aquel romano fue, en esencia, un imperio bilingüe: el latín y el griego, en cuanto a lenguas de la política, de la ley y del ejército, más allá de las letras, de la filosofía y de las religiones, desarrollaban una función supranacional, que los idiomas locales del ecúmene imperial no podían cumplir.

Seguramente es casi imposible separar con una línea clara los límites del dominio latino y aquellos del dominio griego en el interior del Imperio romano; sin embargo, podemos afirmar que la división del Imperio en dos partes y la sucesiva escisión se produjeron a lo largo de una línea de demarcación coincidente, a *grosso modo*, con el límite lingüístico, que cortaba por la mitad tanto los territorios europeos como aquellos norteafricanos. En Libia, es justo a lo largo de esta línea en la que, recientemente, se ha producido la fractura que ha separado de nuevo la Tripolitania de la Cirenaica.

A continuación el papel lingüístico de Europa nos presenta una situación que Dante describe identificando tres áreas diferenciadas: aquella del mundo germánico, en el cual integra también a los Eslavos y a los Húngaros, aquella de lengua griega y la correspondiente a los idiomas neolatinos[124]; en el interior de ésta última Dante puede distinguir ulteriormente las tres unidades particulares del provenzal (lengua *d'oc*), francés (lengua *d'oil*) e italiano (lengua de *sì*). Pero Dante está bien lejos de usar el argumento de la fragmentación lingüística para sostener la fragmentación política; antes bien, él está convencido de que sólo la restauración de la unidad imperial podría hacer que Italia, «el bello país donde el *sì* suena[125]», vuelva a ser «el jardín del imperio[126]». Y el imperio tiene su lengua, el latín, porque, como dice el propio Dante, «el latín es perpetuo e incorruptible, y lo vulgar es inestable y corruptible[127]».

En una Europa lingüísticamente fragmentada, que el Sacro Imperio Romano querría reconstituir en unidad política, una poderosa

---

[124] *De vulgari eloquentia*, VIII, 3-6.
[125] Dante, *Inf.* XXXIII, 80.
[126] Dante, *Purg.* VI, 105.
[127] Dante, *Convivio*, I, 5.

función unitaria fue desarrollada justamente por el latín: no tanto por el *sermo vulgaris*, como por la lengua de cultura de la *res publica clericorum*. Este «latín escolástico», si queremos señalar su dimensión geopolítica, «ha sido el portador para toda Europa, y también fuera de ésta, de la civilización latina y cristiana; confirmándola, como en las Españas, en África (...), en las Galias, o adquiriendo nuevas zonas u otras apenas exploradas de la civilización romana: la Germania, Inglaterra o Irlanda por no hablar de los países nórdicos y eslavos[128]».

Las grandes áreas lingüísticas

Entre todos los idiomas neolatinos, la mayor expansión ha sido alcanzada por la *lengua castellana*. Tras la bula del papa Alejandro VI, que en 1493 dividió el Nuevo Mundo entre los Españoles y los Portugueses, el castellano se impuso en las colonias pertenecientes a España, desde México hasta la Tierra del Fuego; pero también, después de la emancipación, los estados surgidos de las ruinas del Imperio de las Américas mantendrán el castellano como lengua nacional, razón por la cual América latina posee una relativa unidad cultural y el dominio lingüístico español se extiende también a una parte del territorio estadounidense.

Por lo que respecta a la otra lengua ibérica, como testimonio de la extensión del área colonial que en otros tiempos perteneció a Portugal, bastaría el hecho de que el idioma de Camoens es la «lengua romance que ha dado origen al mayor número de variedades criollas, aunque algunas hayan desaparecido o estén en vías de hacerlo[129]»: de Goa a Ceilán, a Macao, a Java, a Malaca, a Cabo Verde o a Guinea. Entre los Estados que han recogido la herencia lusófona, destaca hoy el País emergente representado por la inicial del acrónimo BRICS: Brasil, con sus doscientos millones de habitantes, frente a los diez millones y medio que viven en la antigua

---

[128]Luigi Alfonsi, *La letteratura latina medievale*, Accademia, Milán 1988, p.11.

[129]Carlo Tagliavini, *Le origini delle lingue neolatine*, Pàtron, Bolonia 1982, p. 202.

madre patria europea.

La expansión extraeuropea del francés como lengua nacional ha sido, de hecho, inferior a aquella que el francés ha tenido como lengua de cultura y de comunicación. Si el francés es la quinta lengua más hablada del mundo por número de hablantes (cerca de doscientos cincuenta millones de personas) y es la segunda lengua más enseñada como lengua extranjera, se encuentra, sin embargo, en el noveno puesto en lo que se refiere al número de hablantes por lengua materna (cerca de setenta millones; aproximadamente ciento treinta millones si se añaden también a los individuos bilingües). En cualquier caso, es la única lengua que se encuentra difundida, como lengua oficial, en todos los continentes: es una lengua de intercambio en África, el continente que cuenta con el mayor número de entidades estatales (más de una veintena), en los cuales el francés es lengua oficial; es la tercera lengua de América del Norte; también es usada en el Océano Índico y en el Océano Pacífico meridional. Los Estados y gobiernos que, a título vario, tienen en común el uso del francés, permanecen agrupados en la Organización Internacional de la Francofonia (OIF), fundada el 20 de marzo de 1970 con la Convención de Niamey.

Eminentemente eurasiática es la expansión del ruso, lengua común y oficial de un Estado multinacional que, en el sucederse de las fases históricas y políticas que han cambiado su dimensión territorial, permanece como el más extenso sobre la faz de la tierra. Si en el periodo soviético el ruso podía ser glorificado como «el instrumento de la civilización más avanzada, de la civilización socialista, de la ciencia progresista, de la lengua de la paz y del progreso (...) lengua grande, rica y poderosa (...) instrumento de la civilización más avanzada del mundo[130]» y en cuanto a tal convertida en obligatoria en la enseñanza de los países de la Europa oriental, después de 1991 el ruso goza de un estatuto diferente en cada uno de los Estados sucesores de la Unión Soviética. En la Federación Rusa, la Constitución de 1992 sanciona el derecho de cada ciudadano a la propia

---

[130] «Voprosy Filozofij», 2, 1949, cit. en: Lucien Laurat, *Stalin, la linguistica e l'imperialismo russo*, Graphos, Génova 1995, p. 52.

pertenencia nacional y al uso de la lengua correspondiente, y más
allá de esto garantiza a cada República la facultad de hacer uso,
junto con la lengua oficial rusa, de las lenguas de las nacionalidades
que la constituyen.

Si el ruso está en el primer puesto por la extensión del territorio
del Estado del cual es lengua oficial, el chino detenta la preeminencia por el número de hablantes. Usado actualmente por cerca de mil
trescientos millones de personas, el chino se presenta desde la Antigüedad como un conjunto de variantes que resultan un tanto proble-
máticas en la aplicación del término dialecto; entre todos sobresale
el mandarín, un grupo grande y variado que a su vez se distingue
en mandarín del Norte, del Oeste y del Sur. El mandarín del Norte,
que tiene su centro en Pekín, ha sido tomado como modelo para
la lengua oficial (普通話 *putonghua*, literalmente «lengua común»),
hablada como lengua materna por más de ochocientos millones de
personas. Oficialmente la población de la República Popular China,
que en su Constitución se define como «Estado plurinacional unitario», consta de cincuenta y seis nacionalidades (民族 *minzu*), cada
una de las cuales usa su propia lengua; entre estas, la más numerosa
es la 漢族 *han* (92 % de la población), mientras que las otras cincuenta y cinco, que constituyen el restante 8 %, «hablan al menos
sesenta y cuatro lenguas, de las cuales veintiséis tienen una forma
escrita y son enseñadas en las escuelas elementales[131]».

El hindi y el urdu, que pueden ser consideradas continuaciones
del sanscrito, son las lenguas predominantes en el subcontinente indio, donde diez Estados de la Unión India constituyen el llamado
«cinturón hindi» y donde el urdu es lengua oficial de Pakistán. La
diferencia más evidente entre estas dos lenguas consiste en el hecho de que la primera se sirve de la escritura devanagari, mientras
que la segunda hace uso del alfabeto árabe; sobre el plano léxico,
el hindi ha recuperado una cierta cantidad de elementos sanscritos,
mientras que el urdu ha incorporado muchos términos persas. Por
lo que respecta al hindi en particular, se podría decir que, en el subcontinente indio, jugó una función análoga a aquella del mandarín

---

[131] Roland Breton, *Atlante mondiale delle lingue*, Vallardi, Milán 2010, p. 34.

en China, porque, formado sobre la base de un dialecto hablado en las cercanías de Delhi (el *khari boli*), junto con el inglés, se ha convertido, entre las veintidós lenguas citadas en la Constitución india, en la lengua oficial de la Unión.

El árabe, vehículo de la revelación coránica, con la expansión del Islam se ha difundido bien más allá de sus confines originarios: desde Arabia al Norte de África, desde Mesopotamia a España. Caracterizado por una notable riqueza de formas gramaticales y por el refinamiento de relaciones sintácticas, inclinado a enriquecer el propio léxico incorporando vocablos de dialectos y lenguas extranjeras, el árabe prestó su propio sistema alfabético a lenguas pertenecientes a otras familias, como el persa, el turco y el urdu; codificado por los gramáticos y convertido en lengua docta del *dar al-islam*, sustituyó al sirio, al copto y a los dialectos bereberes; enriqueció con numerosos préstamos al persa, al turco, a las lenguas indias, al malasio o a las lenguas ibéricas; como instrumento de filosofía y de ciencia influenció a las lenguas europeas cuando los califatos de Bagdad y de Córdoba constituían los mayores centros de cultura accesibles a la Europa cristiana. Hoy el árabe es conocido, estudiado y usado en diversa medida, en cuanto a lengua sagrada y de práctica ritual, en el ámbito de una comunidad que sobrepasa los mil millones de almas. Como lengua materna, ella pertenece a cerca de doscientos cincuenta millones de individuos, establecidos sobre un área políticamente fraccionada que va desde Marruecos y desde Mauritania extendiéndose hasta Sudán y la Península Árabe. A tal denominador lingüístico se han encomendado los proyectos de unidad de la nación árabe formulados en el pasado siglo: «Árabe es aquel cuya lengua es el árabe[132]», se lee, por ejemplo, en el estatuto del *Baath*.

---

[132]Michel 'Aflaq, *La resurrezione degli Arabi*, Edizioni all'insegna del Veltro, Parma 2011, p. 54.

La lengua del imperialismo estadounidense

Durante la primera mitad del siglo XX, la lengua extranjera más conocida en la Europa continental era el francés. Por lo que respecta al caso particular de Italia, «solo en 1918 fueron instituidas las cátedras universitarias de inglés y en la misma fecha tiene origen la fundación del Instituto británico de Florencia que, con su biblioteca y sus cursos lingüísticos, se convirtió rápidamente en el centro más importante de difusión de la lengua inglesa a nivel universitario[133]». En la conferencia de paz del año siguiente los Estados Unidos, que se habían introducido ya en el espacio europeo, impusieron por primera vez el inglés —junto con el francés— como lengua diplomática. Pero el momento decisivo de la superación del francés por parte del inglés fue el éxito de la Segunda Guerra Mundial, que supuso la penetración de la «cultura» angloamericana en toda la Europa occidental. La importancia que revistió el factor lingüístico convertido en una estrategia de dominio político no era, por otra parte, algo desconocido para el mismo Sir Winston Churchill, que el 6 de septiembre de 1943 declaró explícitamente: «El poder de dominar la lengua de un pueblo ofrece ganancias muy superiores a aquellas que suponen conquistar sus provincias y territorios o aplastarlo mediante la explotación. Los imperios del futuro son aquellos de la mente». Con la caída de la Unión Soviética, en la Europa centro-oriental «liberada» el inglés no solo a desplazado al ruso, sino que también ha suplantado en larga medida al alemán, al francés y al italiano, que antes gozaban de una amplia circulación. Por otro lado, la hegemonía del inglés en la comunicación internacional se ha consolidado ulteriormente en la fase más intensa de la globalización.

Así, los teóricos angloamericanos del mundo globalizado han podido elaborar, basándose en el peso geopolítico ejercido por la lengua inglesa, el concepto de «Angloesfera», definido por el periodista Andrew Sullivan como «la idea de un grupo de países en expansión que comparten principios fundamentales: el individualismo, la su-

---

[133]Baldelli, in Bruno Migliorini - Ignazio Baldelli, *Breve storia della lingua italiana*, Sansoni, Florencia 1972, p. 331.

premacía de la ley, el respeto de los contratos y de los acuerdos y el reconocimiento de la libertad como valor político y cultural primario[134]». Parece ser que el introductor del término «Angloesfera» fue, en el año 2000, el escritor americano James C. Bennett; según su opinión «los países de lengua inglesa liderarán el mundo en el siglo XXI» (*Why the English-Speaking Nations Will Lead the Way in the Twenty-First Century* es el subtítulo de su libro *The Anglosphere Challenge*), porque el actual sistema de los Estados está condenado a colapsar bajo los golpes del ciberespacio anglófono y la ideología liberal. El historiador Andrew Roberts, continuador de la obra historiográfica de Churchill con *A History of the English Speaking Peoples since 1900*, sostiene que el predominio de la Angloesfera se debe a la lucha de los países anglófonos contra las epifanías del Fascismo (o sea –*sic*– «la Alemania guillermina, el nazismo, el comunismo y el islamismo»), en defensa de las instituciones representativas y del libre mercado.

Menos ideológica es la tesis del historiador John Laughland, según el cual «la importancia geopolítica de la lengua inglesa es (...) relevante sólo en función de la potencia geopolítica de los países anglófonos. Podría ser un instrumento de éstos utilizado para reforzar la propia influencia, pero no es una fuente independiente de ésta última, por lo menos no de la potencia militar[135]». La lengua, concluye Laughland, puede reflejar la potencia política pero no la puede crear.

En este caso la verdad está en el medio. Es verdad que la importancia de una lengua depende —a menudo, pero no siempre— de la potencia política, militar y económica del país que la habla; es cierto que son las derrotas geopolíticas las que provocan aquellas lingüísticas; es verdad que «el inglés avanza en detrimento del francés porque los Estados Unidos actualmente son más poderosos en relación a los países europeos, los cuales aceptan que sea consa-

---

[134]Andrew Sullivan, *Come on in: The Anglosphere is freedom's new home*, «The Sunday Times», 2 de febrero de 2003.

[135]John Laughland, *L'Anglosfera non esiste*, «I quaderni speciali di Limes», a.2, n° 3, p. 178.

grada como la lengua internacional una lengua que no pertenece a ningún país de la Europa continental[136]». Sin embargo existe también una verdad complementaria: la difusión internacional de una lengua, contribuyendo a aumentar el prestigio del país correspondiente, aumenta la influencia cultural de este país y, eventualmente, aquella política (un concepto, este, que pocos se atreven a expresar sin recurrir al anglicismo *soft power*); con mayor razón, el predominio de una lengua en la comunicación internacional confiere un poder hegemón al más poderoso entre los países que la hablan como lengua materna.

Por lo que concierne a la actual difusión del inglés, «lengua de la red, de la diplomacia, de la guerra, de las transacciones financieras y de la innovación tecnológica, no hay duda alguna: este estado de cosas regala a los pueblos de lengua inglesa una incomparable ventaja y a todos los demás una considerable desventaja[137]. Como explica, menos diplomáticamente, el general Von Lohausen, la ventaja que los Estados Unidos han obtenido de la anglofonía «ha sido igual para sus comerciantes y para sus técnicos, para sus científicos y sus escritores, para los hombres políticos y los hombres diplomáticos. En la medida que el inglés es el idioma más hablado en el mundo, América se aprovecha de la fuerza creativa extranjera, atrayendo hacia sí, sin encontrar obstáculos, las ideas, los escritos y las invenciones de los demás. Aquellos cuya lengua materna es universal, poseen una evidente superioridad. La financiación otorgada a la expansión de esta lengua retorna quintuplicada a su fuente[138]».

¿Qué lengua para Europa?

En los siglos XVI y XVII, después de que la Paz de Cateau Cambrésis (1559) consagrase la dominación española en Italia, la lengua

---

[136] Alain de Benoist, *Non à l'hégémonie de l'anglais d'aéroport!*, voxnr.com, 27 de mayo de 2013.

[137] Sergio Romano, *Funzione mondiale dell'inglese. Troppo utile per combatterla*, «Corriere della Sera», 28 de octubre de 2012.

[138] Jordis von Lohausen, *ibidem*.

castellana, más allá de ser usada por las cancillerías de Milán y de Nápoles, se difundió por el mundo de la política y de las letras. El número de las voces italianas (y dialectales) nacidas en aquel periodo como consecuencia de la influencia del español es elevadísimo[139]. Sin embargo, entre todos estos hispanismos, algunos fueron usados solo de forma ocasional y no se pueden considerar como parte del uso general; otros tuvieron una vida efímera y desaparecieron sin dejar rastro, solo una minoría alcanzó una estabilidad como para formar parte del vocabulario italiano. Después de la Paz de Utrecht (1713), que selló el fin de la hegemonía española en la península, la influencia del castellano sobre la lengua italiana «fue muy inferior a aquella de los siglos precedentes[140]».

Es lícito suponer que ni tan siquiera el colonialismo cultural de expresión angloamericana deba durar eternamente; antes bien, algunos lingüistas ya prevén que a la actual fase de predominio anglófono seguirá una fase de decadencia[141]. Estando vinculado a la hegemonía imperialista estadounidense, el predominio del inglés está destinado a resentirse de manera decisiva en la transición del estadio unipolar a aquel multipolar, por el cual el escenario que la geopolítica de las lenguas puede, razonablemente, prefigurar es aquel de un mundo articulado según el multipolarismo de las áreas lingüísticas.

A diferencia del continente americano, que presenta una clara repartición entre el bloque anglófono del Norte y aquel hispanófono y lusófono de la parte central y meridional, Eurasia es el continente de la fragmentación lingüística. Junto a los grandes espacios representados por Rusia, China o la India, relativamente homogéneos bajo el perfil lingüístico, tenemos un espacio europeo caracterizado por una situación de acentuado multilingüismo.

Por ello habría sido lógico que los fundadores de la Comunidad Económica Europea, si querían rechazar una solución monolingüís-

---

[139]Gian Luigi Beccaria, *Spagnolo e Spagnoli in Italia. Riflessi ispanici sulla lingua italiana del Cinque e del Seicento*, Giappichelli, Turín 1968.

[140]Paolo Zolli, *Le parole straniere*, Zanichelli, Bolonia 1976, p. 76.

[141]Nicholas Ostler, *The Last Lingua Franca: English Until the Return of Babel*. Allen Lane, Londres 2010.

tica, adoptasen como lenguas oficiales, entre aquellas de los Países
adheridos, los dos o tres idiomas más hablados en el área; eventualmente eligiendo, en previsión de las sucesivas ampliaciones de
la CEE, una tríada de lenguas que representasen las tres principales
familias presentes en Europa: la germánica, la romance y la eslava.
Por el contrario, el artículo 1 del reglamento aprobado en 1958 señaló claramente cuatro lenguas (francés, italiano, alemán y holandés)
como «lenguas oficiales y lenguas de trabajo de las instituciones de
la Comunidad», con el resultado de que las «lenguas de trabajo»
hoy son prácticamente tres: francés, alemán e inglés.

La caída de la Unión Europea impone el sometimiento del proyecto europeísta a una revisión radical y a refundar sobre nuevas
bases el edificio político europeo. La nueva clase política que será llamada a afrontar esta tarea histórica no podrá eludir más un
problema fundamental como aquel de la lengua.

Capítulo VI

El vehículo lingüístico del dominio estadounidense

*No os dejéis seducir por aquella anglomanía que reina desde
hace algunos años en alguna parte de Italia*

— Metastasio, Carta a Rovatti del 18 de enero de 1775

La lengua del *sì*

COMO las análogas denominaciones relacionadas con los Árabes,
con los Turcos, con los Austriacos, con los Rusos y con los demás pueblos constructores de imperios, *Romanus* también es uno
de aquellos adjetivos y sustantivos que, después de haber señalado
la pertenencia a una comunidad nacional, tribal o a un lugar particular, ha perdido casi por completo el originario valor étnico para
revestir un significado jurídico y político. Así, entre los siglos IV y
el V a.C, el africano San Agustín pudo escribir que en el Imperio
romano «*omnes Romani facti sunt et omnes Romani dicuntur*[142]» y

---

[142]San Agustín, *Ad Psalmos*, LVIII, 1.

73

un alto funcionario imperial de origen galo, Claudio Rutilio Namaziano, componía el último himno en honor de Roma celebrando su
misión: «*Fecisti patriam diversis gentibus unam*, (...) *urbem fecisti
quod prius orbis erat*[143]».

Sin embargo, al espacio imperial romano, que durante medio milenio constituyó la única patria para las *diversae gentes* comprendidas entre el Atlántico y Mesopotamia, así como entre Britania y
Libia, no correspondió una única lengua común, porque en la parte
oriental, antes o después de la división oficial entre Arcadio y Hono-
rio, nunca se llevó a término el proceso de romanización lingüística.
«Es sabido que el Latín encontró siempre mucha dificultad para
imponerse en aquellos territorios en los que se encontró en concurrencia con el Griego, lengua que tenía, para los propios Romanos
cultos, un mayor prestigio histórico y cultural[144]». Entonces aquel
Romano fue, en sustancia, un imperio bilingüe: el latín y el griego,
en cuanto lenguas de la política, de la ley y del ejército, más allá de
las letras, de la filosofía y de las religiones, desarrollaron una función
supranacional, en la cual los idiomas locales del ecumene imperial
no podían cumplir.

Con el fin del Imperio de Occidente, tuvo lugar aquella ruptu-
ra de la latinidad, lo cual favoreció el proceso de formación de las
lenguas romances, de modo que a comienzos del siglo XIV Europa
aparecía ante los ojos de Dante articulada en tres áreas lingüísticas:
aquella correspondiente a las lenguas germánicas y eslavas (y también al húngaro), aquella griega y la neolatina, en el interior de la
cual él podía distinguir ulteriormente las tres unidades particulares
de provenzal (lengua d'oc), francés (lengua d'oil) e italiano (lengua
del sì). Pero Dante estaba bien lejos de usar el argumento de la fragmentación lingüística para afirmar la fragmentación política; antes
bien, sólo la restauración de la unidad imperial habría podido hacer
que Italia «el bello país donde suena el *sì*[145]», volviese a ser «el jar-

---

[143]Rutilio Namaziano, *De reditu*, I, 63-66.
[144]C. Tagliavini, *Le origini delle lingue neolatine*, Pátron, Bolonia 1982, p.
174.
[145]Dante, *Inf.* XXXIII, 80.

dín del imperio[146]». Y el imperio tenía su lengua, el latín, porque, como decía el propio Dante, «el latín es perpetuo e incorruptible, y lo vulgar es estable y corruptible[147]».

Si en la visión de Dante la identidad lingüística y aquella nacional permanecían en el interior del ideal del marco imperial, con el fin del Medievo se colocó en el primer plano el nexo de la lengua, de la nación y del Estado nacional. Tal nexo «se reforzó entonces por el surgimiento de una política lingüística de los estados, se reavivó en las polémicas literarias o en aquellas religiosas, adquirió color y vivacidad en las fantasías populacheras o semidoctas sobre los caracteres de las lenguas y de las naciones europeas, y asumió, en definitiva, la dignidad de una idea central en las meditaciones de Francis Bacon, de Locke, de Vico y de Leibnitz sobre la historia lingüística y civil de los pueblos[148]».

A partir de la segunda mitad del siglo XVIII, cuando en algunas partes de Europa se proclamó el principio de la autonomía política de las nacionalidades, la lengua se convirtió en bandera de lucha política. «Si llamamos pueblo a los hombres que sufren las mismas influencias externas sobre sus órganos vocales y que, viviendo juntos, desarrollan continuamente la propia lengua comunicándose siempre entre ellos, deberemos decir que la lengua de este pueblo debe ser necesariamente aquella que es y no puede ser diferente. (...) Todo el desarrollo de un pueblo depende de la naturaleza de la lengua hablada por éste[149]». Así, a través de estas palabras de Fichte, se expresa el nacionalismo romántico en los inicios del siglo XIX, mientras se manifiesta la exigencia de que a cada unidad estatal le corresponda una paralela unidad lingüística. «Todo sistema lingüístico, en cuanto implica condición de recíproca comprensión y hermanamiento, es un impulso hacia un diseño político de independencia y de unidad[150]». Donde la aspiración a la autonomía estaba

---

[146]Dante, *Purg.*, VI, 105.

[147]Dante, *Convivio*, I, 5.

[148]T. De Mauro, *Storia linguistica dell'Italia unita*. Laterza, Bari, 1965, p. 10.

[149]J.G. Fichte, *Discorsi alla nazione tedesca*, Edizioni di Ar, Padua, 2009, pp. 58-59.

[150]G. Devoto, *Il linguaggio d'Italia*, Rizzoli, Milán, 1974, p. 295.

obstaculizada por la dispersión de la nación en una serie de entidades políticas subnacionales, el reclamo de la unidad lingüística se convertía en un factor de unidad; pero si el proyecto de autonomía debía confrontarse con una formación estatal supranacional, entonces la enfatización de la identidad lingüística venía a constituir un factor de ulterior disgregación del espacio político europeo.

Por lo que respecta, en particular, al *Risorgimento* italiano, si éste contribuyó, por una parte, a la disgregación del espacio político europeo sustrayendo al imperio de los Habsburgo los territorios italianos, directa o indirectamente sometidos a Austria, por otro lado siempre fue un proceso unitario, porque el poder de los Saboya se extendía por toda la Península, que precedentemente estaba dividida en siete entidades políticas. Así en el Reino de Italia la escuela, la burocracia y el ejército modificaron las condiciones lingüísticas y contribuyeron a la difusión de la lengua común; a la acción de los órganos del nuevo Estado unitario se sumaron aquellos desarrollados por la prensa (diaria, periódica o no periódica), por los espectáculos y con posterioridad por el cine sonoro y la radio.

Con la Gran Guerra, que favoreció temporalmente la convivencia de soldados originarios de cualquier parte del territorio nacional, el léxico italiano se enriqueció con elementos lexicales procedentes de varios dialectos. Pero los destinos de la lengua italiana fueron decididos por los éxitos de la siguiente guerra mundial; la invasión y la ocupación de Italia y su integración en el área geopolítica hegemonizada por las potencias atlánticas sellaron el inicio de un proceso lingüístico que ha conducido al nacimiento del actual *itanglés*. Giacomo Devoto ha registrado el comienzo de tal proceso usando la terminología anodina y fría del glotólogo: «Una importante huella angloamericana fue dejada, propagada desde Nápoles, por los chicos llamados «*sciuscià*» (del inglés «*shoeshine*»), porque se ofrecían como «limpiadores de zapatos». También el término *segnorina*, en referencia al significado restrictivo de «prostituta», es el italiano «*signorina*» (señorita), pero la pronunciación E de la vocal protónica ha permanecido como un trazo de la pronunciación normal en boca de los militares angloamericanos radicados en Nápoles, y esta es la vertiente que le ha asegurado la suerte[151]».

La influencia inglesa sobre el italiano

La lengua inglesa, convertida en hegemónica en el curso de aquel «siglo americano» que ha sido testigo de la conquista estadounidense de Europa, hasta el siglo XVIII ejerció sobre el italiano una influencia prácticamente irrelevante. En el Doscientos podemos atestiguar un único anglicismo, *sterlina*; en el Trescientos está documentada la presencia de unas pocas palabras del léxico comercial; entre el Cuatrocientos y el Quinientos tenemos una cuarentena de términos, por otro lado escasamente difundidos, relacionados con la vida política y civil de Inglaterra; en el Seiscientos, el siglo de los primeros diccionarios italiano-inglés, destacan *milord* y *rum*; en el Setecientos, en amplia medida través de la mediación del francés, penetran en el italiano y se afirman numerosos anglicismos pertenecientes, especialmente, al léxico político, que son confirmados en la conclusión tratada por Arturo Graf al término de su célebre estudio: «La anglomanía y la influencia inglesa en el Setecientos fueron uno de los hechos más notables de nuestra historia, con la producción de múltiples efectos[152]».

Pero es en el curso del Ochocientos cuando las relaciones culturales entre Italia e Inglaterra se hacen más estrechas. En aquel siglo hay una gran fortuna italiana a través de poetas como Alexander Pope, John Milton, George Byron y de literatos como Walter Scott, Fenimore Cooper y Charles Dickens, así como la difusión de obras históricas, jurídicas, científicas y técnicas traducidas del inglés al italiano. Los anglicismos decimonónicos se presentan a menudo de forma adaptada (*abolizionista*, *assolutista*, *radicale*, *boicottare*, *ostruzionismo* etc); pero algunas veces aparecen en forma no adaptada, como en el caso de *leader*, *meeting*, *premier*, *budget*, o del *self government* y *platform* («programa de partido» en el inglés

---

[151]G. Devoto, op.cit., pp. 327-328.
[152]A. Graf, *L'anglomania e l'influsso inglese in Italia nel secolo XVIII*, Loescher, Turín, 1911, p. 426.

de América), los cuales, sin embargo, son sucesivamente sustituidos por *autogoverno* y *piattaforma*. Dado el interés por el sistema político inglés, particularmente vivo entre los liberales italianos del siglo XIX, el número de los anglicismos es elevadísimo en la terminología política; pero se difunden muchos también en el sector de la moda (*dandy, jersey, plaid, smoking, tight* etc), de los medios de comunicación (*ferry-boat, tandem, cab, tunnel* etc), del comercio (*copyright, manager, stock* etc), de la gastronomía (*sandwich, brandy, whisky* etc) e incluso en otros ámbitos[153].

En la primera mitad del Novecientos, la lengua europea más conocida en Italia era el francés. Las primeras cátedras universitarias de inglés fueron instituidas en 1918; en aquel mismo año se impulsa el nacimiento del Instituto Británico Florentino, que «con su biblioteca y sus cursos lingüísticos, se convierte rápidamente en el centro más importante de difusión de la lengua inglesa a nivel universitario[154]». *La Grammatica ragionata della lingua inglese* de V. Grasso, publicada en Palermo en 1924, llega a la octava edición en 1965; el *Corso di lingua inglese moderna* de M. Hazon salió en veintitrés ediciones entre 1933 y 1963; la *Grammatica della lingua inglese per gli alunni degli istituti tecnici, ginnasi moderni e scuole commerciali* de G. Orlandi conoció tres ediciones impresas entre 1923 y 1935. Sin embargo en la primera mitad del siglo el conocimiento del inglés permanece más bien limitado, de modo que «muchas veces la pronunciación italiana de las palabras inglesas refleja la forma gráfica de la palabra, lo que implica que pronunciamos las palabras inglesas como si fuesen italianas o se adoptan soluciones de compromiso; y esto prueba como la mayor parte de los préstamos del inglés han venido a través de la vía escrita, a diferencia de cuanto

---

[153]A. Benedetti, *Le traduzioni italiane da Walter Scott e i loro anglicismi*, Olschki, Florencia, 1974; A.L. Messeri, *Voci inglesi della moda accolte in italiano nel XIX secolo*, «Lingua nostra», XV, 1954, pp. 47-50; A.L. Messeri, *Anglicismi ottocenteschi riferiti al mezzi di comunicazione*, «Lingua nostra», XVI, 1955, pp. 5-10; A.L. Messeri, *Anglicismi nel linguaggio politico italiano nel '700 e nell''800*, «Lingua nostra», XVIII, 1957, pp. 100-108.

[154]I. Baldelli en: B. Migliorini y I. Baldelli, *Breve storia della lingua italiana*, Sansoni, Florencia, 1972, p. 331.

había sucedido anteriormente con los préstamos del francés, transmitidos en su mayor parte por la vía oral[155]». Los anglicismos que, ya sea de forma adaptada o no adaptada, penetran en el italiano hasta la Segunda Guerra Mundial, afectan a las actividades competitivas (*bob, corner, dribblare, goal, golf, rally* etc), al ámbito de los negocios (*business, slogan, traveller's cheque, trust* etc), al mundo del espectáculo (*cast, film, gag, girl, music-hall, recital, vamp* etc), al vestuario (*golf, nylon, slip, trench* etc), a las relaciones sociales y políticas (*boss, fair play, gentlemen's agreement, isolazionismo, obiettore di coscienza* etc) y a otros ámbitos semánticos de varios géneros (*bar, camping, carta carbone, clacson, cow-boy, globe-trotter, hobby, jolly, pipeline, proibizionismo, sex appeal, stilografica* etc).

Pero lo que determinó la definitiva prevalencia del inglés sobre el francés fue la derrota de Europa en la Segunda Guerra Mundial y la amplia difusión de la «cultura» anglo-americana en el área hegemonizada por los Estados Unidos de América; con la absorción de la Península Italiana en el Occidente bajo la tutela estadounidense, un número enorme de anglicismos y americanismos invade la lengua italiana y sus dialectos[156]. Un porcentaje consistente de éstos se refiere al mundo de la música, de los bailes y del espectáculo: *boogie-woogie,rock and roll, juke-box, night-club, strip-tease, show, happening, quiz* etc.; de los juegos: *bowling, flipper, minigolf*

---

[155]P. Zolli, *Le parole straniere*, Zanichelli, Bolonia, 1976, p. 60.

[156]Para los anglicismos de la segunda posguerra, cfr. I. Klajn, *Influssi inglesi nella lingua italiana*, Olschki, Florencia, 1972; I. Klajn, *Su alcuni anglicismi nella recente terminologia linguistica*, «Lingua nostra», XXXV, 1974, pp. 86-87; G. Rando, *Anglicismi nel «Dizionario moderno» dalla quarta alla decima edizione*, «Lingua nostra», XXX, 1969, pp, 107-112; G. Rando, *Influssi inglesi nel lessico italiano contemporaneo*, «Lingua nostra», XXXIV, 1973, pp. 11-120. Para los anglicismos en los dialectos italianos, cfr. A. Menarini, *Sull'«italo-americano» degli Stati Uniti, in Ai margini della lingua*, Sansoni, Florencia, 1947, pp. 145-208; O. Parlangeli, *Anglo-americanismi salentini*, «Lingua nostra», IX, 1948, pp. 83-86; G. Tropea, *Americanismi in Sicilia*, «Lingua nostra», XVIII, 1957, pp. 82-85; G. Tropea, *Ancora sugli americanismi del siciliano*, «Archivio glottologico italiano», XLIV, 1959, pp. 38-56, XLVIII, 1963, pp. 170-175, LVIII, 1973, pp. 165-182; G. Rando, *Alcuni anglicismi nel dialetto di Filicudi Pecorini*, «Lingua nostra», XXVIII, 1967, pp. 31-32.

etc.; de la alimentación: *fast food, pop corn, drink* etc.; del vestuario: *baby-doll,beauty-case, blue-jeans, montgomery, topless* etc.; de los transportes: *guardrail, jet, scooter, ski-lift, terminal* etc.; de las actividades productivas y comerciales: *full time* y *part time, leasing, marketing, self-service, supermarket, discount, duty free, franchising* etc.; de las profesiones: *hostes, steward, tour operator, baby-sitter, dog-sitter, call-girl, escort* etc.; de la informática: *computer, bit, hardware, mouse, internet, web, link,email, social network, bannare, chattare* etc.; de la vida social: *escalation, establishment, leadership, public relations, top secret, privacy* etc.; de la delincuencia: *kidnapping, killer, racket, pusher, new economy, hedge fund, subprime, broker* etc. Pero todavía hay más: también han penetrado en el uso del italiano acrónimos (NATO, VIP, AIDS etc.), sufijos (como -*ale* en *demenziale, dirigenziale* etc.), interjecciones y subtítulos cómicos advertidos como tales (*sigh, gulp, wow*), incluso nombres personales (*William, Rudy, Jessica* etc.). Más allá del abominable *okay*, también el adverbio de la respuesta afirmativa: *yes*.

De modo que no hay motivos para para el estupor si desde un congreso de *Federlingue* (Asociación italiana de servicios lingüísticos), que tuvo lugar en 2010, surgió el dato de que en los últimos ocho años el uso de anglicismos y americanismos en los textos italianos ha aumentado un 773 %[157].

La lengua del *yes*

El glotólogo Paolo Zolli, que a mediados de los años sesenta registraba buena parte de los términos relacionados más arriba para ejemplificar «la influencia despótica del inglés sobre el italiano en la última posguerra[158]», observaba: «El modelo de vida americano, al cual mira Occidente, hace que se adopten anglicismos en lugar de palabras italianas que, sin embargo, existen, o podrían existir[159]».

---

[157]Nuestro uso de palabras inglesas ha crecido en un 773 % en ocho años, «*Corriere della Sera*», 10 de marzo del 2010.

[158]P. Zolli, op.cit., pp. 67-68.

[159]P. Zolli, op.cit., p. 67.

Que existan palabras italianas correspondientes bajo el perfil semántico a los anglicismos y americanismos actualmente en boga, lo ha tratado de demostrar un voluntarioso diletante, compilando una suerte de *Appendix Probi* adaptada a la necesidad[160]. El hecho de que iniciativas de este género no sean asumidas por los italianos universitarios es representativo de la culpable indiferencia con la que los intelectuales asisten a una situación tan grave. Particularmente significativo, y no solo dramático, es que los diccionarios de la lengua italiana no adopten el criterio normativo, sino aquel de «la máxima e indiscriminada apertura», registrando cualquier vocablo del itanglés, desde *acker* (sic) hasta *zapping*[161].

También un autorizado miembro de la *Accademia della Crusca*, Giovanni Nencioni, ha afirmado con desinterés que «no conviene dar peso a los anglicismos de moda, snobistas, destinados a desaparecer (...) ni aquellos que asienten intencionadamente a la pertenencia de la costumbre extranjera como *fast food*, que en lengua italiana tiene la misma intención connotativa que *pizza* o *spaghetti* en lengua americana». Contrariamente, el verdadero problema serían los anglicismos científicos y, especialmente, aquellos tecnológicos, a propósito de los cuales Nencioni reclama un análogo precedente de la historia lingüística italiana: «la penetración, en la Italia del siglo XVIII, de la cultura iluminista por medio de su principal instrumento, la lengua francesa, que inundó el italiano de francesismos, provocando una desdeñada reacción purista[162]».

Pero la analogía histórica propuesta por Nencioni cojea un poco; por otro lado es él mismo quien destaca la diferencia entre el francés del siglo XVIII y el tipo de inglés actualmente en uso: «Aquel francés era la refinada voz del más elevado estrato ético y especulativo de una cultura nacional no muy sectorializada y radicada en un profundo *humus* humanístico», mientras que el inglés globalizado «ha

---

[160]A Mezzano, *L'antibarbaro. Vocabolario dell'italianità*, Jivis Editore (faltan las indicaciones del lugar y de la fecha de edición)

[161]G. Devoto - G. C. Oli, *Nuovo dizionario della lingua italiana*, Le Monnier, Florencia, 1987.

[162]G. Nencioni, *Il destino della lingua italiana*, Accademia della Crusca, Florencia, 1995, p. 3.

asumido la función de intérprete pragmático de las relaciones internacionales y de difusor de la actividad científica y tecnológica del
mundo anglosajón (y del mundo que comparte aquella actividad),
con espíritu, si no culturalmente neutral, preferentemente instru-
mental. De hecho, funciona como una lengua sectorialmente espe-
cificada (bancaria, comercial, diplomática, informática etc) o hace
circular, en sus límites de lengua natural, a aquellos resultados de
las ciencias puras y aplicadas, que en los aspectos más esotéricos y
esenciales hacen uso de códigos artificiales, solamente accesibles a
los iniciados[163]».

El parangón entre la función desarrollada por el francés del siglo XVIII y aquella del inglés actual constituye un argumento que
podría ser profundizado haciendo hincapié en las consideraciones
desarrolladas en su día por Giacomo Leopardi sobre los francesismos. «Cierto es —leemos en el *Zibaldone*— que no repugna a la
naturaleza de las lenguas, ni de los hombres, ni de las cosas, y no
es contrario a los principios eternos y esenciales de la elegancia, de
lo bello etc que los hombres de una nación expresan en un mayor
o menor número de ideas con palabras y modos aprendidos y reci-
bidos de otra nación, que esté con ellos en el estricto y frecuente

---

[163]G. Nencioni, op.cit., pp. 5-6. La evocación de conceptos como «esoterismo»
e «iniciación», en relación a la actual función del inglés, me induce aquí a una
disgresión que trataré de contener dentro de los límites aceptables. Más de una
vez he estado movido a reconocer en el inglés actual las características de una
«lengua sagrada», pero, obviamente, en aquel sentido invertido del término que
se relaciona con la idea de «contrainiciación», entendida en el sentido precisado
por René Guénon. De hecho, como la fase actual de la *Zivilisation* occidental
está caracterizada por una parodia de la espiritualidad (el fenómeno del *New
Age*), del derecho sagrado (los «derechos humanos»), del culto de los mártires
(la *Shoah*), del mesianismo escatológico (el vaticinado fin de la historia bajo el
signo del triunfo universal del liberal-capitalismo), de la música litúrgica (el *jazz*,
el *rock* etc), de los lugares de peregrinación (Auschwitz, Yad Vashem, Nueva
York), así Occidente tiene su propia parodia de «lengua sagrada»: precisamente
el inglés. En su función de lengua mundialista, el inglés se presenta entonces
como una parodia caricaturizada de aquellas lenguas, propiamente sagradas o
solo litúrgicas, que han desarrollado, o todavía desarrollan, una función espiritual de universalidad respecto a un correspondiente ecumene tradicional: tales
son, por ejemplo, lenguas como el chino, el sánscrito, el latín o el árabe.

comercio, como ocurre con Francia respecto a nosotros (y también en relación a los otros europeos) por la literatura, por las modas, e incluso por el comercio, y generalmente por la influencia que tiene la sociedad y el espíritu de aquella nación sobre toda la Europa culta[164]». Los francesismos que penetraron en el italiano entre el Setecientos y el Ochocientos eran entonces europeísmos, mientras que los actuales son, en realidad, occidentalismos, si me es lícito hacer uso de tales términos. En segundo lugar, si Leopardi consideraba que la influencia del francés sobre el italiano no perjudicaba los principios de la elegancia y de lo bello, ¿quién podría sostener seriamente la compatibilidad de tales principios con la lengua del *yes*?

De hecho, la condición sobre la cual Leopardi insiste es que el barbarismo, más allá de no ser el duplicado inútil de un vocablo italiano, «no repugne directamente, de hecho, al carácter general y a la esencia de la lengua, ni al oído ni al uso de los nacionales[165]». Ahora bien, palabras como *spot*, *flash*, *staff*, *team*, *soft*, *hard*, *freak*, *punk* etc repugnan precisamente «al carácter general y a la ausencia» del italiano a causa de la diversidad de estructura fonética, mientras que el italiano parece haber perdido su tradicional capacidad de adaptar al propio sistema fono-morfológico la palabra extranjera (por ejemplo, transformando *beef-steak* en *bistecca*) o de realizar calcos formales (por ejemplo, reproduciendo *skyscraper* en la forma *grattacielo*).

La posición de Nencioni referida anteriormente parece confirmar aquella de un brillante intelectual no especialista, el cual, queriendo servirse de los resultados adquiridos a partir de la indagación etimológica para deducir informaciones relativas a la historia del pueblo italiano, y aclarar las particulares relaciones con los vecinos europeos o mediterráneos, ha tomado en examen los préstamos franceses, germánicos, ibéricos y árabes, pero ha excluido los anglicismos, porque el aluvión de palabras inglesas y americanas que se han vertido «sobre Italia, no sobre la lengua italiana. (...) Permaneciendo

---

[164]G. Leopardi, *Zibaldone*, 2501-2502.
[165]G. Leopardi, op.cit., 2503.

inglesas, no se convierten en italianas[166]». Muy cierto. En general los anglicismos, a diferencia de los préstamos procedentes de otras lenguas (completamente asimilados al sistema fono-morfológico del italiano), mantienen el aspecto formal originario, incluso si, a menudo, son transcritos con una grafía imprecisa y pronunciados de forma aproximada. Entonces entran en aquella categoría de palabras de préstamo que los glotólogos alemanes llaman *Fremdwörter*, «palabras extranjeras», y que deberían ser, «por la mayor parte de los hablantes cultos, consideradas como un cuerpo extraño, como una moneda extranjera[167]».

Así, al menos teorizaba Carlo Tagliavini (1903-1982), el cual prefería llamar «préstamos de moda» a aquellos que el suizo Ernst Tappolet (1870-1939) había llamado *Luxuslehnwörter*, «préstamos de lujo[168]». Pero la actual invasión lingüística angloamericana no es más reducible a un fenómeno de moda, ni mucho menos de lujo, sino que estas definiciones deberían actualizarse y el fenómeno debería ser considerado a la luz de las exploraciones en el ámbito extra-lingüístico. Pero la lingüística académica no se ocupa normalmente de factores que considera extraños al propio campo de investigación, como el colaboracionismo de la clase política, la complicidad de una clase intelectual mercenaria y el conformismo de la plebe de los dominados. El nexo entre la cuestión lingüística y la cuestión político-social se encuentra explícitamente indicado en una reflexión del ya citado *Zibaldone* leopardiano: «Para reconstruir verdaderamente la lengua italiana, —apuntaba el poeta el 16 de marzo de 1821— sería necesario, antes que nada, reconstruir a Italia, y a los italianos[169]».

---

[166]R. Sermonti, *Il linguaggio della lingua*, Edizioni all'insegna del Veltro, Parma, 2008, p. 87.

[167]C. Tagliavini, op.cit., p. 171.

[168]«Cuando (...) la palabra transformada corresponde perfectamente o casi a una voz ya existente en el léxico indígena, nos encontramos ante uno de aquellos préstamos que Tappolet llama "de lujo" (*Luxuslehnwörter*) y que quizás podría calificarse mejor como "de moda"» (C. Tagliavini, op.cit., p. 273).

[169]G. Leopardi, *Zibaldone*, 799.

Capítulo VII

El eje geográfico de la historia

Eₗ gran país que diferentes denominaciones italianas han señalado como *Casachia*, *Cosacchia* o *Cosacchistan*, hoy es conocido como *Kazakistán* (en castellano Kazajistán) o, sobre las líneas de la forma rusa, *Kazachstan* o *Kazakhstan*.

Kazak (*qazaq*) es un término turco de etimología controvertida, que en el pasado fue aplicado a individuos que se separaban de la tribu de origen y se dejaban llevar por una vida aventurera (de hecho el verbo turco *qaz* significa «vagar»). «Un *Khan* que, poco afortunado en la lucha por el poder sobre su clan, se salvaba huyendo con un puñado de fieles, se convertía en *kazak*. Más allá de esto, *kazak* eran todos aquellos descontentos que partían para evitar los ultrajes del propio *khan*, buscando bajo su riesgo y peligro la fortuna en otro lugar. Ciertos aventureros rusos, que no querían someterse a la soberanía moscovita y abandonaban la patria, se apropiaron del mismo término turco[170]» para convertirse en «cosacos».

Una interpretación más sugestiva del etnónimo[171] nos remite al mito según el cual el pueblo kazajo descendería de una primordial oca (*qaz*) blanca (*aq*), una mujer-pájaro de origen celeste. Este mi-

---

[170]Gianroberto Scarcia, *Storia della letteratura turca*, Milán, 1971.

[171]Shirin Akiner, *The Formation of the Kazakh Identity. From Tribe to Nation-State*, Londrés, 1995, p.11.

to nos cuenta que un hombre, después de haber visto a las niñas
nadar en las aguas de un lago (el Mar de Aral o el Mar Balkhash),
se apoderó de uno de los vestidos dejados en la orilla por una de
ellas; ésta niña, después de que sus compañeras se transformasen
en ocas y levantasen el vuelo, permaneció sobre la orilla y se unió a
aquel hombre de modo que dio a luz al primer kazajo. Conocido por
todos los pueblos altaicos, este mito sobre los orígenes se encuentra
extendido sobre un área más vasta con numerosas variantes, que a
veces hablan de ocas mientras que en otras ocasiones lo hacen de
cisnes; este mito ha sido rastreado a través de los Samoyedos, los
Lapones, los Rusos, los Polacos y, según Uno Harva, estaría ates-
tiguado también en China[172]: «Esta extrema extensión y la época
relativamente tardía de su aparición en el folclore turco-mongólico
podría hacer pensar que se tratase de un préstamo procedente de
los Eslavos. En realidad, el tema de los amores entre un cisne y
el ser humano es tan antiguo como el mundo[173]» y está presente
prácticamente en toda Eurasia: solamente tenemos que remitirnos
al mito griego de los amores de Leda con el Cisne olímpico.

Las ocas-princesas del mito del origen kazajo son las mismas
que, según las mitologías de los pueblos de cultura afín, viajan a
lo largo de la Vía Láctea, el luminoso recorrido nocturno de las
aves migratorias al que se denomina como «Sendero de las Aves»
o «Sendero de las Ocas Salvajes[174]». Para los Húngaros, que hoy
refuerzan con Kazajistán un antiguo vínculo de parentesco, la Vía
Láctea es la «Vía de los Ejércitos», porque fue ella quien los guió
desde Asia hacia Europa y porque sobre ella cabalga el príncipe

---

[172]Uno Harva, *Les représentations religieuses des peuples altaïques*, París,
1959, p. 319.

[173]Jean-Paul Roux, *Faune et flore sacrées dans les sociétés altaïques*, París,
1966, pp. 352-353.

[174]«En las lenguas turco-tártaras, el nombre más común es "camino de las
aves" (entre los Turcomanos, los Kirguises etc) o "camino de las ocas salvajes"
(entre los Tártaros del Volga y los Chuvasios). Este último término se encuentra
también en las poblaciones fínicas del Volga. Entre los Fineses y los Estonios,
el término correspondiente es «vía de las aves» y entre los Lapones "sendero de
las aves" (*lodderaiddaras*)» (U. Harva, op.cit, p. 143).

Csaba, el más joven de los hijos de Atila.

Por ese motivo Kazajistán, el país de los descendientes de la Oca Blanca, a la luz del mito nos aparece como una suerte de proyección terrenal del sendero celeste batido por las aves migratorias: de hecho, durante un millar de años, éste ha sido recorrido por oleadas sucesivas de pueblos nómadas a caballo, los cuales, con sus incursiones, han influido profundamente sobre los acontecimientos políticos europeos, contribuyendo también a la configuración de Europa tal y como la conocemos en nuestros días.

«Entre los siglos V y XVI d.C, una conspicua variedad de poblaciones nómadas turánicas —Hunos, Ávaros, Búlgaros, Magiares, Kazajos, Pechenegos, Cumanos, Mongoles y Calmucos—, procedentes de los desconocidos rincones de Asia, llegaron a Europa a través de la estepa y del paso entre los Montes Urales y el Mar Caspio. Bajo la guía de Atila, los Hunos se instalaron en medio de la Puszta, en las más distantes regiones esteparias del Danubio, desde donde atacaron a las poblaciones sedentarias de Europa. Gran parte de la historia moderna podría ser escrita como un comentario a las transformaciones causadas, directa o indirectamente, por estas incursiones[175]».

Así, el 25 de enero de 1904, Sir Halford Mackinder (1861-1947), profesor de geografía en la Universidad de Oxford y director de la *London School of Economics and Political Science*, señalaba a su auditorio de la *Royal Geographical Society* la importancia fundamental de esta área, en relación a la cual añadía: «Por lo que respecta a la estepa rusa propiamente dicha, la más duradera y eficaz de las ocupaciones quizás haya sido aquella de los kazajos, contemporáneos del gran movimiento sarraceno: los geógrafos árabes conocían el Mar Caspio como el Mar Kazajo[176]». Basándose en esta retrospectiva histórica y constatando igualmente la persistencia de relaciones geográficas, Mackinder mostraba a la clase política y militar británica que la vasta área ocupada anteriormente por el

---

[175]Halford John Mackinder, *The Geographical Pivot of History*, «The Geographical Journal», vol.XXIII, n° 4, abril, 1904, pp. 134-135.

[176]H.J. Mackinder, op.cit, p.136.

imperio mongol y después por aquel ruso —un área respecto a la
cual Kazajistán constituye una parte esencial— representa el eje
geográfico de la historia: «¿La región-eje de la política mundial no
es justamente aquella vasta área de Eurasia, inaccesible a las naves
pero recorrida en la Antigüedad por nómadas a caballo, que hoy
está siendo redescubierta por una densa red ferroviaria[177]?».

Un siglo después la lección de Mackinder, Kazajistán, que ya dispone de una red ferroviaria de 14460 kilómetros (sin contar las líneas
industriales), construye nuevas líneas ferroviarias, expandiendo las
redes de transportes hacia China y el Golfo Pérsico. En 1992 fue
completado el último tramo ferroviario de la Vía de la Seda con la
inauguración del segmento que une *Almaty con Urumqi*, desde donde se puede alcanzar cualquier parte de China. Con ocasión del VII
Forum Islámico Económico Mundial, que tuvo lugar en Astana en
junio de 2011, el Presidente Nazarbaev exhortó a la Banca Islámica
para el Desarrollo a incrementar la financiación para la construcción
de la línea «Kazajistán-Turkmenistán-Irán», que se extiende sobre
un recorrido de un millar de kilómetros.

De modo que Mackinder había entendido que Gran Bretaña,
si quería conservar la hegemonía oceánica, debía prevenirse contra
la eventualidad de que el Estado-eje expandiese la propia potencia
sobre las tierras periféricas de Eurasia involucrando a Alemania en
un bloque eurasiático.

¿Cómo neutralizar tal amenaza? La respuesta geopolítica de la
potencia oceánica estadounidense, tomado el relevo de aquella británica en el Gran Juego, es explícita: es necesario dividir la región-
eje, incidiendo sobre el efecto disgregador inherente a las líneas de
conflicto que concurren en el interior de los llamados «países divididos», aquellos países cuya población pertenece a distintas culturas.
Y así se ha acabado disgregando la Unión Soviética; pero, como
escribió en 1996 Samuel P. Huntington, también ahora «muchas ex-
repúblicas comprenden civilizaciones distintas, en parte porque las
autoridades soviéticas establecieron varios límites en un explícito
intento de crear repúblicas divididas, asignando Crimea (rusa) a

---

[177]H.J. Mackinder, op.cit, p.146.

Ucrania y Nagornyj-Karabach (armenio) a Azerbaiyán[178]. Y aquí, entre los «países divididos», el teórico del «choque de civilizaciones» cita también a Kazajistán: «Estonia, Letonia y Kazajistán presentan importantes minorías rusas, en gran parte fruto del cálculo político de las autoridades rusas[179]». De hecho, los datos que en 1995 Huntington podía obtener del volumen CIA–*The World Factbook* señalaban a las minorías eslavas como las más consistentes, incluso mayoritarias en las áreas septentrionales del país: frente a la mayoría relativa kazaja (41,9 %) los Rusos constituían el 37 % y los Ucranianos el 5,2 % de la población total. Las esperanzas estadounidenses de asistir a una ulterior fragmentación del espacio centroasiático a causa de las descompensaciones étnicas terminaron por desvanecerse en un breve periodo de tiempo, porque los datos de los años inmediatamente sucesivos mostraban un considerable reequilibrio en las relaciones numéricas entre las nacionalidades de Kazajistán. De hecho, en 1996, los Kazajos eran el 46 % de la población, mientras que los Rusos representaban al 34,7 % y los Ucranianos el 4,9 %; en el 2008 los Kazajos eran el 65 % y los Rusos el 25 %.

En el mismo periodo en el cual Huntington preconizaba el choque de civilizaciones, Zbigniew Brzezinski retomaba en el *Gran tablero de Ajedrez*[180] los conceptos de Mackinder sobre la región-eje de Eurasia. Ciertamente, observa Andrea Fais, «entre el *Heartland*, descrito por el geógrafo británico, y los Balcanes euroasiáticos identificados por el analista polaco-estadounidense existe una cierta diferencia, justo en virtud de la posición entre la cual viene trazada la masa estratégica considerada esencial a los fines del control geopolítico de la región y del interior del continente euroasiático: para Mackinder, el *pívot* de Eurasia se hallaba establecido en el territorio subcontinental centro-septentrional (desde las regiones septentrionales de Irán hasta la estepa centro-asiática y a todo el territorio siberiano), mientras que para Brzezinski se encuentra ubicado más

---

[178]Samuel P. Huntington, *Lo scontro delle civiltà e il nuovo ordine mondiale*, Milán, 2000, p. 197.

[179]S.P. Huntington, op.cit,*ibidem*.

[180]Z.Brzezinski, *The Great Chessboard: American Primacy and its Geostrategic Imperatives*, Basic Books, Nueva York, 1997.

hacia el Sur, hasta comprender prácticamente la totalidad del Medio
Oriente, excluyendo casi todo el territorio de la actual Federación
de Rusia. Sin embargo, en ambas teorías, el eje ineludible es el área
ocupada por Kazajistán[181]»; un área-eje de 2.717.300 kilómetros
cuadrados, equiparable a aquella de la Europa occidental, que hace
de este País el tercero en extensión de todo el continente eurasiático,
después de Rusia y de China.

Situado a caballo entre las dos partes de Eurasia y comprendiendo dentro de su territorio el curso inferior del río Ural, que es
señalado normalmente como un segmento del límite, del todo teórico, entre Europa y Asia, Kazajistán es un país tanto asiático como
europeo; como Rusia y como Turquía, lo cual también evidencia
la continuidad y la indisoluble unidad del Continente euroasiático.
Este País, que desde las fronteras noroccidentales de China y de la
proximidad de Mongolia conduce al amplio pasaje entre el Caspio y
los Urales, constituye el punto de encuentro de las líneas de influencia procedentes del mundo eslavo, de Irán y de Turán, por lo que
su vasto territorio ha visto la sucesión y la convivencia de formas
tradicionales y doctrinas religiosas diferentes, desde el monoteísmo
uránico primordial al budismo, el zoroastrismo, el cristianismo nes-
toriano y el Islam.

El Islam sobre el territorio de Kazajistán ha dado al mundo
los grandes nombres del filósofo Abú Nasr Mohammad al Fârâbî
(256/870-339/950), nacido en Wâsij, junto a Fârâb, en Transoxiana,
y del maestro sufí Ahmed Yassawi (499/1106-562/1166), nacido en
Sayrâm. Mientras Al-Fârâbî, «segundo maestro» después de Aristóteles, «trazó aquellas líneas argumentales que (...) contribuyeron
a erigir el castillo metafísico y cosmológico del Medievo occidental
como el diseñado, por ejemplo, por Dante en el *Convivio* y en la
Commedia[182]», Ahmed Yassawi es el fundador de una tradición que
no solo «desarrolla una función en la islamización de las tribus tur-

---

[181]Andrea Fais, *L'aquila della steppa. Volti e prospettive del Kazakistan*, Edizioni all'insegna del Veltro, Parma, 2012, p. 28.

[182]Massimo Campanini, *Introduzione a: Al-Fârâbî, La città virtuosa*, Milán,
1996, p.5.

cas, en la adaptación del Islam y un ambiente nómada turco, así como la reconciliación lingüística a través de la poesía de Ahmad y de los derviches con sus sucesores, como Yûnus Emre[183]», sino que también dio origen a una ramificación, la *Orden Bektashí*, que, asociándose al cuerpo de jenízaros, tuvo un peso considerable en los territorios europeos del Imperio otomano.

Por lo tanto, con toda la razón, el Presidente Nazarbayev puede reivindicar a Kazajistán, con legítimo orgullo, su pertenencia al mundo islámico y su específica función de medio entre las culturas del Continente eurasiático: «El pueblo de Kazajistán ha sido, durante siglos, una parte del mundo islámico. El Islam ha llegado a nuestras tierras hace más de mil años. El Señor Creador y la geografía han hecho de Kazajistán un lugar único para el desarrollo del diálogo entre la civilización islámica y la civilización europea». Y todavía: «Sobre la tierra kazaja se han sucedido todas las religiones del mundo y, por lo tanto, son ajenos tanto a la intolerancia como al fanatismo religioso. Esta tradición espiritual, esta apertura a la palabra de Dios en cada forma suya, constituye una de las bases más importantes de la sintonía interreligiosa e interétnica vigente en Kazajistán».

---

[183] J. Spencer Trimingham, *The Sufi Orders in Islam*, Oxford, 1971, pp. 58-59.

Capítulo VIII

La función geopolítica de Irán

Q<small>UIEN</small> ha tenido la suerte de frecuentar nuestras escuelas cuando todavía no se habían sustituido los poemas épicos de la Antigüedad europea por el *Diario de Ana Frank* y otras lecturas del mismo nivel, sabe que en la *Ilíada* y en la *Eneida* el mundo es representado por el escudo forjado por el dios herrero para el héroe; un escudo de forma circular, en el cual el borde externo simboliza el gran río Océano que circunda la Tierra. Entre esta representación y aquella disponible en el antiguo Irán existe una estrecha analogía, que muy extrañamente no ha reclamado la atención de los estudiosos de las culturas indoeuropeas. De hecho, en la geosofía mazdeísta el espacio terrestre nos aparece de manera no muy diferente de como ha sido representado por Homero y Virgilio. La Tierra está rodeada por el Océano y está subdividida en siete zonas (*keshvar*, avest. *karshvar*); en el centro de la zona central, llamada *Xvaniratha* («rueda luminosa»), se encuentra *Airyanem Vaejo* (en persa medio *Eránvèj*), la tierra primordial de los Arios. Según la enseñanza mazdeísta, allí fueron creados los *Kayanides*, los reyes guerreros; allí nació Zaratustra; allí nacerá el último de los *Saoshyant*, que reducirá a la impotencia a *Anra Mainyu*, el espíritu adversario, e inaugurará el fin de nuestro ciclo de humanidad. La representación mazdeísta, reelaborada sucesivamente, entró a formar parte de la herencia cultural que Irán transmitió al Islam. En el *Kitâb al-Tafhîm* del astrónomo y geógrafo al-Bîrûnî (362/973-421/1030) se encuentra un esquema en el cual el círculo central, Irán, es rodeado por otros seis círculos, tangentes entre ellos, los cuales corresponden a regiones del mundo: la India, Arabia y Abisinia, Siria y Egipto, el área eslavo-bizantina, Turkestán, China y el Tibet.

Considerar el propio país como central respecto al resto de la tierra es típico de la visión tradicional del mundo. Mircea Eliade ha demostrado que el *homo religiosus* «aspira a vivir lo más cerca posible del Centro del Mundo y sabe que su país se encuentra, efectivamente, en el centro de la superficie terrestre[184]». Esta concepción no se ha extinguido con la visión arcaica del mundo y ha sobrevivido de forma más o menos consciente en contextos histórico-culturales más recientes; baste pensar en el hecho de que todavía hoy China es llamada por sus habitantes 中國 *Chong-kuo*, es decir, «País del Centro», mientras son algunas las regiones que son pensadas como centrales respecto al espacio geográfico al cual pertenecen, de modo que tenemos una Europa central o Europa del Medio (*Mitteleuropa, Zwischeneuropa*), una Italia central, una Asia central, una América central y también una *République Centrafricaine*.

En la actualidad Irán está rodeado, como en el diagrama de al-Bîrûnî, pero en un sentido muy diferente; es un país asediado. Cercado por países que, cuando no son ocupados por la OTAN —como es el caso de Afganistán— alojan bases militares estadounidenses; por no hablar de aquella espada de Damocles que suponen los bombardeos sionistas.

Como escribe Simone Santini en su libro *Iran 2012* (Edizioni all'insegna del Veltro), «los americanos controlan ahora todas las fronteras iraníes, en particular aquellas turbulentas regiones del Juzestán y del Kurdistán en la parte occidental, y del Beluchistán en la zona oriental, donde tienen bases militares que rodean por todas partes a la República Islámica, mientras que en el Golfo Pérsico y el Océano Índico ven desplegarse continuamente a las flotas occidentales[185]».

---

[184]Mircea Eliade, *Il sacro e il profano*, Boringhieri, Turín, 1967, p. 42.

[185]Simone Santini, *Iran 2012*, Ed. all'insegna del Veltro, Parma, 2012, p.15.

Esta es la pura realidad; pero es una realidad que viene regularmente ocultada, adulterada y falsificada por los manipuladores de la llamada «opinión pública», que comprende muchos exponentes de aquella que se presenta como ciencia geopolítica y que, por el contrario, muy a menudo no es sino pura y simple propaganda camuflada de análisis desinteresados y objetivos.

Cito un solo ejemplo. Un docente universitario de geopolítica (que imparte clases en la Universidad Católica del Sagrado Corazón) en su ensayo sobre el Irán contemporáneo escribe textualmente que «Irán se siente rodeado de países hostiles». Textual: «se siente rodeado», como si el asedio de Irán fuese una pura y simple sensación de los Iraníes, tal vez determinada por una patología psíquica colectiva, por una deformación mental de tipo conspiranoico. La argumentación del académico prosigue así: «esta impresión subjetiva, sumándose a otras causas subjetivas también, es decir, la ideología y la retórica de la clase política iraní, hace que Irán asuma "posiciones extremadamente radicales y amenazantes"». De modo que Irán no sería un país amenazado, sino un país amenazante porque es víctima de una alucinación. Conclusión: «afrontar la política exterior iraní y comprender su función regional» es una empresa muy ardua.

Pero prescindamos de estos academicismos estúpidos y tratemos de entender cuál es la función regional asignada a Irán desde su ubicación geográfica.

Desde el punto de vista estadounidense, Irán es un segmento central de aquella larga franja que un libro del geopolítico Nicholas J. Spykman publicado en 1944, *The geography of peace*, viene a denominar como *Rimland*. En inglés, *rim* significa «borde, bordillo, margen», por lo cual el *Rimland* es el borde externo del continente eurasiático: desde las costas atlánticas y mediterráneas de Europa hasta Corea, pasando por el Próximo y el Medio Oriente y el Sudeste asiático, por las Filipinas y Japón. Mientras Mackinder había establecido la doctrina según la cual quien controla el *Heartland* (Rusia y la Europa oriental) domina el mundo, Spykman ha formulado su tesis complementaria, según la cual la potencia que controla el *Rimland*, no solo impide que el *Heartland* se convierta en el centro del poder mundial, sino que conquista ella misma el poder mundial. Textualmente: «*Who controls the Rimland rules Eurasia; who rules Eurasia controls the destinies of the world*». Durante la Guerra Fría, esta teoría inspiró la estrategia de «contenimiento» (*containment*) de la Unión Soviética. Los Estados Unidos han hecho de todo para impedir que el *Rimland* eurasiático cayese bajo el control de la Unión Soviética y China, controlando la Europa costera mediante la acción de la OTAN, y las costas asiáticas por medio de otras alianzas militares. Con el colapso de la Unión Soviética, el control estadounidense del *Rimland* se ha reforzado. Sin embargo, la cadena no está completa, porque existen algunos segmentos del *Rimland* más difíciles de controlar respecto a otros: son los países que, en cuanto reticentes al control estadounidense, son denominados «países canallas», «Eje del Mal» etc. Y la República Islámica de Irán es uno de estos países.

Según la perspectiva eurasiática, Irán es un segmento central de aquella franja islámica que se extiende, en sentido latitudinal, desde el Magreb árabe hasta Indonesia. De modo que su función geopolítica coincide en parte con aquella franja islámica que, junto con Europa, Rusia, China y la India, constituye uno de los grandes espacios a través de los cuales se articula Eurasia. Unificada y políticamente integrada a través de una serie de federaciones y alianzas, esta franja islámica podría constituir una barrera insuperable frente a la penetración estadounidense y representaría la plaza fuerte meridional de Eurasia.

Por el contrario, la realidad actual nos presenta un mundo islámico que, aparte de las divisiones étnicas, lingüísticas y culturales, y al margen de la histórica repartición entre sunnitas y chiitas, se encuentra fragmentado en numerosas entidades estatales y dividido entre distintas orientaciones políticas y religiosas.

Entre las varias orientaciones que han enraizado en el mundo islámico, la más incompatible con los intereses eurasiáticos es, evidentemente, aquella representada por los regímenes solidarios con el Occidente atlántico (Arabia Saudí y los pequeños estados petrolíferos de la península arábiga), así como por aquellos movimientos y grupos sectarios (wahabitas, salafistas, qaedistas etc) que encuentran apoyo político y económico en tales regímenes.

Existe también otra variante, que es aquella representada por Turquía. La variante turca, que tiende a imponerse como un modelo para los países musulmanes del Mediterráneo, está caracterizada por el intento de conciliar auténticas parejas de opuestos: Islam y democracia, sharia y Estado laico, hegemonía neo-otomana y pertenencia a Occidente, solidaridad con el pueblo palestino y mantenimiento de las relaciones con el Estado hebreo. El llamado «neo-otomanismo» de Ankara, que entiende recuperar la influencia política turca sobre los territorios que históricamente habían pertenecido al imperio otomano, desde el punto de vista eurasiático podría ser positivo, en la medida que se prefijase el objetivo de integración del mundo árabe mediterráneo. Sin embargo, el «neo-otomanismo» es negativo mientras Turquía siga siendo un país de la OTAN y no rompa definitivamente con la entidad sionista. Algunas iniciativas recientes «neo-otomanas» (como el apoyo prestado a los opositores de Gadafi en Libia y a aquellos de Al Assad en Siria) pertenecen objetivamente a la estrategia atlántica y demuestran que el «neo-otomanismo» tiene tendencia a trabajar... No para el Rey de Prusia, sino para Su Majestad Británica y los Estados Unidos de América.

En cuanto a toda la suerte del llamado «socialismo islámico», tras la destrucción del Irak Baazista y de la Yamahiriya libia, solamente permanece como representante de esta línea Siria, aunque forma parte de un área geopolítica que tiene su núcleo en la República Islámica de Irán.

Sin embargo, a pesar de los lugares comunes concernientes a la ancestral hostilidad entre Persas y Árabes, en el mundo islámico de lengua árabe existen áreas en las cuales Irán puede ejercer una considerable influencia: no en el Norte de África, sino en el Próximo Oriente, donde países como Irak, Líbano, Siria y algunas zonas de la península arábiga están habitadas por importantes comunidades chiitas. De hecho, los Árabes chiitas tienden a ser solidarios con los Iraníes, los cuales, a su vez, reivindican su papel de protectores de las comunidades chiitas del mundo árabe. De tal modo que Irán dispone de las posibilidades que le permiten desarrollar una función de guía en ciertas zonas del mundo árabe y de ejercer la propia influencia desde el Golfo Pérsico hasta el Mediterráneo.

Más allá del mundo árabe, Irán puede ambicionar realmente el desarrollo de una importante función en el sector centroasiático, especialmente en Tayikistán, que está habitado por una población de habla persa (aquella tayika), o en Afganistán, donde el segundo grupo étnico después de la mayoría pastún es aquel tayiko y donde una quinta parte de la población es chiita. Un hecho importante es que la lengua oficial de Afganistán no es solo el pastún; junto al pastún también es lengua oficial el llamado «persa de Afganistán», el dari, abreviatura de *darbārī*, que significa «corte real»: una referencia al estilo clásico persa y al lenguaje de la corte de los Sasánidas. Por otro lado, con anterioridad a la formación (hacia la mitad del siglo XVIII) de la entidad política llamada (con nombre de origen persa) Afganistán, este país tuvo durante siglos una historia común con Irán. Las formaciones imperiales de Irán, desde el imperio de Darío hasta el imperio Sasánida y el imperio Safávida en su máxima expansión, comprendían también los territorios del actual Afganistán.

Con respecto a Pakistán y a la India, no conviene olvidar que durante siete siglos el subcontinente indio conoció un dominio cultural persa. A partir del siglo XIII, cuando tuvo lugar la fundación del sultanato de Delhi, tomó el relevo una cultura de lengua persa que llegó a su culminación durante la época de los Mongoles (llegados al poder en 1526), de los cuales los colonizadores británicos heredaron el uso del persa como lengua oficial de la administración, usado hasta 1835, cuando fue sustituido por el inglés. En base a esta experiencia cultural común, Irán ha mantenido buena parte de sus relaciones con la India; en particular, ello ha reavivado las relaciones con la comunidad Parsi, los zoroastristas de la India, que son conscientes y están orgullosos de su origen persa.

De modo que Irán es una potencia continental estrechamente ligada al corazón de Eurasia por vínculos geográficos, históricos y culturales: los límites septentrionales de Irán transcurren a lo largo del Cáucaso, el Mar Caspio y Turkmenistán, mientras que sobre la frontera oriental está Afganistán.

En virtud de esta posición geográfica, Irán puede ayudar a Rusia, potencia central de Eurasia, a resolver ciertas dificultades. Y esto lo han entendido bien tanto en Moscú como en Teherán; basta con pensar en la visita de Putin a Teherán de octubre de 2007 y en el ingreso de la República Islámica en la Organización de la Cooperación de Shangai, que ha reforzado la colaboración iraní con Rusia y con China.

Si Irán desarrolla la función de polo meridional de Eurasia, Rusia obtiene aquel objetivo estratégico que ha perseguido durante siglos: el acceso a los mares cálidos. Irán, que tiene mil quinientos kilómetros de litoral sobre el Océano Índico, puede representar una solución para este problema geopolítico fundamental. Consintiendo a Rusia el acceso a las costas del Océano Índico, Irán rompe el «anillo de la anaconda» del proyecto atlantista que pretende sofocar al Continente.

Pero existen otros motivos que resultan ventajosos para el continente eurasiático en relación a una acción hegemónica de Irán en el Asia Central ex-soviética. En Asia Central rivalizan tres tendencias geopolíticas diferentes: el panturquismo liderado desde Ankara (con todas las contradicciones que conocemos), el «Islam americano» (como el Imán Jomeini definía al sectarismo de matriz saudita) y el Islam ortodoxo representado por la República Islámica de Irán.

El proyecto eurasiático sólo puede contar con la orientación filoirania, la única en disposición de sustraer esta región del control directo o indirecto de Occidente, que se ejerce particularmente a través de la invasión económica saudí y los movimientos sectarios apoyados por Riyad. El eje Moscú-Teherán puede resolver todas las contradicciones existentes entre Rusia y los musulmanes del Asia Central y caucásica, contradicciones alimentadas y utilizadas por Occidente para desestabilizar el área y penetrar en ella.

La función geopolítica de Irán consiste en construir en Asia central un bloque geopolítico capaz de rechazar la agresión atlántica. Esto no significa «iranizar» Asia central, sino crear en el centro de gravedad del Continente eurasiático una formación política islámi-

ca cohesionada, aunque variada desde el punto de vista étnico y
lingüístico. Es una misión histórica de Irán aquella de instaurar en
Asia central y ojalá también en el Próximo Oriente la *Pax Pérsica*,
reactualizando en los límites de lo posible aquella idea de imperio
que más veces, en el pasado glorioso de Irán, ha hecho que diferentes pueblos de estas áreas pudiesen convivir dentro de los mismos
límites políticos bajo una única ley.

Capítulo IX

Talasocracia y sanciones

Megara e Italia

En 1991, las Actas de un coloquio de historiadores y politólogos europeos y americanos que tenía por tema «la rivalidad hegemónica entre Atenas y Esparta y entre los Estados Unidos y la Unión Soviética» fueron publicadas bajo el título *From Thucydides to the Nuclear Age*. Tucídides, el historiador de aquella «guerra mundial de la Antigüedad» que fue la Guerra del Peloponeso, es un autor particularmente apreciado en ciertos ambientes político-intelectuales atlantistas, que han tratado de convertirlo en el testimonio del bipolarismo y del enfrentamiento entre dos bloques militares.

La filología clásica, a partir de Ulrich von Wilamowitz-Möllendorff[186], ha reprochado a Tucídides el hecho de que, queriendo atribuir a Esparta las causas del conflicto, ha dejado en la sombra al bloqueo comercial impuesto a Megara por la talasocracia ateniense. Sin embargo, la Guerra del Peloponeso tuvo su comienzo con el decreto contra los Megarenses en el 432 a.C (el *Megaréon pséphisma*), una serie de sanciones económicas que prohibía a los Megarenses, aliados de Esparta, el acceso a los puertos, a las calas y a los mercados de la Liga de Delos, la alianza hegemonizada por Atenas.

---

[186]Ulrich von Wilamowitz-Möllendorff, *Curae Thucydideae*, 1885, p. 17.

Para los historiadores es evidente que las sanciones contra Megara no eran un simple medio con el cual Atenas entendía extender su propia influencia debilitando a sus rivales. Helmut Berve, por ejemplo, ha afirmado que con el embargo, que afectaba también a los aliados de Megara, Atenas «apuntaba con el cuchillo a la garganta de los Peloponesios[187]». De hecho el *pséphisma* era un desafío, una provocación que debía procurar a los Atenienses el *casus belli* necesario para justificar una guerra contra Esparta y sus aliados. Sin embargo, como es sabido, treinta años más tarde el conflicto se resolvió con la derrota de Atenas y el derrocamiento de su régimen democrático.

A este respecto, otro episodio ejemplar en la historia de las sanciones: el 18 de noviembre de 1935, por primera vez, la Sociedad de Naciones decretó las sanciones económicas contra un país miembro, Italia, como respuesta a la campaña de Etiopía. Gran Bretaña, líder mundial del anticolonialismo, envió la *Home Fleet* a patrullar el Mediterráneo para hacer respetar el embargo.

Algunos años después, Carl Schmitt comentaba: «Las potencias societarias no hacían la guerra, pero imponían las sanciones. La famosa arte inglesa de los "métodos indirectos" celebró un nuevo triunfo. La típica distinción entre operaciones militares y operaciones no militares, acciones bélicas y acciones pacíficas, perdió todo significado, porque las operaciones no militares podían ser hostiles en un modo más eficaz, inmediato e intenso[188]».

Por otro lado, había sido el mismo fundador de la Sociedad de Naciones, el presidente estadounidense Thomas Woodrow Wilson, quien teorizó: «Una nación boicoteada termina por ceder. Aplicando este remedio económico-pacífico, silencioso pero mortal, se evita recurrir a la fuerza[189]».

En cuanto a Inglaterra, evidentemente, había aprendido bien la lección sintetizada en el célebre axioma de Sir Walter Raleigh:

---

[187]Helmut Berve, *Griechische Geschichte*, II, 1952, p. 11.

[188]Carl Schmitt, *Inter pacem et bellum nihil medium*, «*Zeitschrift der Akademie für Deutsches Recht*», VI, 1939, pp. 594-595.

[189]Citado por Gallois, *Le sang du pétrole - Irak*, L'Age d'Homme, Lausana, 1966, p. 31.

«Quien domina el mar domina el comercio mundial; y a quien domina el comercio mundial pertenecen todos los tesoros del mundo y el mundo mismo».

Por lo que parece, las potencias talasocráticas privilegian las sanciones como una forma especial de guerra y las utilizan en el cuadro de una concepción de la guerra y del enemigo que es muy diferente de aquella que está en la base del *jus publicum Europaeum*, porque ignora la distinción entre combatientes y no combatientes.

«La guerra marítima —ha escrito en otra parte Carl Schmitt— no es una guerra de combatientes; ella se basa en una concepción total del enemigo, la cual considera enemigos no solo a todos los ciudadanos del Estado enemigo, sino también a todos aquellos que comercian con el enemigo y que sostienen su economía. En este tipo de guerra está permitido, sin contestación posible, que la propiedad privada del enemigo sea sometida al derecho de depredación; el bloqueo, medio que pertenece específicamente al derecho marítimo reconocido por el derecho internacional, golpeará sin excepción al conjunto de la población de las regiones implicadas. Gracias a otro medio igualmente reconocido por el derecho internacional, e igualmente perteneciente al derecho marítimo, el derecho de saqueo, también la propiedad privada de los neutrales podrá ser depredada[190]».

En 1946, por ejemplo, los Estados Unidos pretendieron que la Confederación Helvética entregase los bienes de los ciudadanos alemanes depositados en los bancos suizos, en una pretensión contraria al orden jurídico privado internacional[191], pero conforme al derecho de depredación específico del derecho marítimo.

---

[190]Carl Schmitt, *Souveraineté de l'Etat et liberté des mers*, en *Du Politique*, Pardès, 1990, pp. 150-151; cfr. Idem, *Terra e mare*, Adelphi, Milán, p. 90.
[191] *«Neue Zürcher Zeitung»*, 14 de septiembre de 1996.

Las sanciones según la doctrina de las relaciones internacionales

Según la doctrina de las relaciones internacionales, las sanciones económicas son disposiciones adoptadas por un Estado, por una coalición de Estados, o por una organización internacional con el objetivo de obligar a otro Estado a respetar las reglas de la coexistencia internacional, sin recurrir a las armas.

En el texto de Martin I. Glassner sobre las relaciones internacionales se puede leer que «sanciones específicas, impuestas en circunstancias particulares y hechas respetar eficazmente, pueden modificar el comportamiento del Estado al cual están dirigidas, reforzando, al mismo tiempo, el prestigio de la parte que las impone. Sin embargo existen pocas pruebas de que las sanciones por sí solas puedan inquietar a Estados que no sean muy pequeños y débiles[192]».

Las sanciones económicas más comunes son las siguientes:

- El embargo

- El boicot

- La congelación de bienes y de capitales que el Estado sometido a sanciones y sus ciudadanos poseen en el exterior.

- La prohibición de conceder créditos

- La prohibición de efectuar transacciones financieras

- La prohibición de hacer escala por parte de las embarcaciones y los aviones del Estado sometido a sanciones

- La revocación de la asistencia financiera y técnica.

---

[192]M.I. Glassner, *Manuale di geografia politica II. Geografia delle relazioni tra gli Stati*, Franco Angeli, Milán, 1995, p. 36.

El embargo, en particular, es la prohibición dirigida a una embarcación mercantil de levar anclas del puerto en el cual se encuentra o de acercarse a un puerto. En una acepción más amplia, el embargo es el bloqueo de los intercambios comerciales decretado por uno o más países contra un tercer país.

El boicot, al igual que el bloqueo, es un conjunto de medidas que tratan de bloquear el comercio exterior y las comunicaciones de un país enemigo. En particular, el boicot consiste en la prohibición de adquirir los bienes procedentes del país que está sometido a sanciones.

El embargo y el boicot están considerados por la ONU como sanciones pacíficas aplicables contra Estados que violan el derecho internacional o no respetan los derechos humanos.

En realidad, como afirman los coroneles chinos Qiao Liang y Wang Xiangsui en su libro sobre «guerra sin límites», «la imposición de embargos sobre las exportaciones de tecnologías fundamentales (...) puede tener un efecto destructivo similar a aquel derivado de una operación militar. A este respecto, el embargo total (...) contra Irak, iniciado por los Estados Unidos, es el ejemplo clásico en los libros de texto[193]».

La «guerra económica» y sus objetivos

Otro militar, el general Carlo Jean, hace ya dieciocho años anunciaba la intensificación del uso de las armas económicas —como el embargo y otras sanciones— con la finalidad de conseguir los mismos objetivos que la guerra tradicional. De hecho la «guerra económica» siempre es, en realidad, una guerra, porque su objetivo estratégico consiste en derrotar al enemigo para someterlo a la voluntad del vencedor, así como ocurre en la guerra propiamente dicha. Por otro lado, el general Jean observa que en este contexto los medios de orden económico no son empleados en la producción o en el comercio,

---

[193]Qiao Liang - Wang Xiangsui, *Guerra senza limiti*, LEG, Pordenone, 2001, p. 81.

sino, como si fuesen verdaderas y auténticas armas, para obtener resultados análogos a aquellos perseguidos a través de la fuerza militar, a saber «para destruir la voluntad de resistencia del adversario (por ejemplo, privándolo de las propias capacidades militares, provocando graves daños en su base productiva, carestías, epidemias, revueltas, cambios de clase dirigente o de gobierno, golpes de Estado, secesiones y un largo etcétera[194])».

El mismo autor define el «arma económica» como el medio que los Estados o las coaliciones de Estados «pueden emplear lícitamente para el control de la economía nacional o internacional, si tal empleo tiende a alcanzar objetivos análogos a aquellos conseguidos con el empleo de la fuerza militar y, en particular, la victoria sobre un Estado o una coalición enemiga[195]».

Igualmente él observa que «este principio tutela en el ordenamiento internacional a las potencias económicamente dominantes, favoreciendo el mantenimiento del *status quo*[196]», de tal manera que le es posible concluir afirmando: «De modo que es obvio que ello ha sido sostenido e impuesto por Occidente, que en la actual fase histórica disfruta de una aplastante supremacía económica sobre el resto del mundo[197]».

También se ha dicho que el concepto de «guerra económica» es ambiguo y multiforme, en la medida que se trata de una guerra que puede perseguir objetivos diferentes: económicos, estratégicos o políticos[198].

La guerra económica tiene objetivos económicos, cuando el objetivo principal del Estado que la emprende no consiste en dañar al adversario, sino en el aumento del bienestar de los propios ciudadanos o en el incremento de la propia riqueza.

Por el contrario, la guerra económica se propone objetivos estratégicos sí, en un conflicto militar, ésta trata de privar al enemigo

---

[194]Carlo Jean, *Geopolitica*, Laterza, Bari, 1995, p. 140.

[195]Carlo Jean, *Geopolitica*, cit., p. 141.

[196]*Ibidem*

[197]*Ibidem*

[198]Claude Lachaux, *La guerre économique: un concept ambigu*, «Problèmes Economiques», 14 de octubre de 1992, pp. 28-31.

de los suministros necesarios a las Fuerzas Armadas y a la población mediante bloqueos navales, aéreos o terrestres. Pero también persigue un objetivo estratégico cuando, en ausencia de un conflicto militar directo, quiere prohibir a un Estado adversario las tecnologías y los productos considerados como «críticos».

En definitiva, la guerra económica tiene objetivos políticos cuando el arma económica es utilizada para inducir a un Estado a aceptar la voluntad de quien la usa, por lo que se manifiesta exactamente como es definida por las conocidas fórmulas clausewitzianas: «la continuación de la política del Estado por otros medios», «acto de violencia que tiene por finalidad obligar al adversario a someterse a nuestra voluntad» o «acto inspirado por un diseño político».

En el caso de la República Islámica de Irán, el objetivo de la guerra económica es seguramente estratégico, porque el objetivo declarado de las sanciones es aquel de bloquear la adquisición de uranio y de tecnologías útiles para el programa nuclear.

Pero, por aquello que concierne a las sanciones unilaterales impuestas por los Estados Unidos de América, el objetivo es también, y especialmente, político, o más bien geopolítico, considerada la necesidad de la talasocracia estadounidense de controlar el spykmaniano *Rimland*, respecto al cual Irán constituye un segmento central.

De hecho, si Sir Halford Mackinder había formulado la doctrina según la cual quien controla el *Heartland* gobierna el mundo, Nicholas J. Spykman ha formulado la tesis complementaria con una fórmula que nunca se repetirá lo suficiente: «*Who controls the Rimland rules Eurasia; who rules Eurasia controls the destinies of the world*».

Capítulo X

El Mediterráneo, entre Eurasia y Occidente

«QUIEN controla el territorio costero gobierna Eurasia; quien gobierna Eurasia controla los destinos del mundo[199]». Esta célebre fórmula, propuesta por el estudioso americano Nicholas J. Spykman (1893-1943) en un libro que apareció póstumamente en pleno desarrollo de la Segunda Guerra Mundial, puede ayudar a comprender el significado geopolítico de la «primavera árabe». Recordemos que según Spykman, exponente de la escuela realista, los Estados Unidos deberían concentrar sus esfuerzos sobre un área fundamental para conseguir la hegemonía mundial: se trata de aquel territorio costero (*Rimland*) que, como una larga franja semicircular, abraza el «territorio central» (el mackinderniano *Heartland*), comprendiendo las costas atlánticas de Europa, el Mediterráneo, el Próximo y Medio Oriente, la Península india, el Asia Monzónica, las Filipinas y Japón.

Por ese motivo no parece infundada una lectura de la «primavera árabe» a la luz de los criterios geoestratégicos mencionados por Spykman, los cuales sugieren a los Estados Unidos la exigencia de

---

[199]Nicholas Spykman, *The Geography of Peace*, Harcourt Brace, Nueva York, 1944, p. 43.

mantener en un estado de desunión y de perenne inestabilidad el «territorio costero» — en el cual se comprenden también las costas meridionales y orientales del Mediterráneo.

Hace ya una decena de años que un geopolítico francés había previsto una acción occidental destinada a fragmentar Libia utilizando mano de obra local: «sobre el trazado de las viejas redes sanusíes, la agitación islamista podría provocar la explosión de este país artificial y reciente. En la Cirenaica se concentran las riquezas petrolíferas; y el régimen de Gadafi provoca la ira en ciertas capitales occidentales, las cuales no verían mal una división territorial de Libia[200]».

Hoy, concediendo que, realmente, los movimientos de protesta y de subversión del Norte de África y del Próximo Oriente hayan tenido un origen endógeno y una explosión imprevista, no se puede dejar de constatar que los Estados Unidos, después de algunas indecisiones iniciales de su Presidente, los han visto con simpatía, los han patrocinado y los han sostenido (con la evidente excepción de la insurrección popular chiita en Bahrein, reprimida por la intervención militar saudita).

Por otro lado, Obama manifestó desde el comienzo de su mandato la voluntad de favorecer la transición a la democracia en el mundo árabe (así como en otras partes del mundo musulmán), eventualmente de manera formalmente más educada que su predecesor, pero, sin embargo, ejerciendo presión sobre los gobernantes locales para imponer una *perestroika* en versión árabe.

Así, las organizaciones «no gubernamentales» y las variadas asociaciones derecho-humanistas sostenidas por la CIA y el *State Department* intensificaron sus actividades, en conformidad con las recomendaciones que desde 1993 Samuel Huntington había dirigido al gobierno americano: establecer estrechos vínculos con todos aquellos que, dentro del mundo islámico, defienden los valores y los intereses occidentales. El mismo «*New York Times*» ha reconocido que «algu-

---

[200]François Thual, *La planète émiettée. Morceler et lotir: une nouvelle art de dominer*, Arléa, 2002, p.124; edición italiana: *Il mondo fatto a pezzi*, Edizioni all'insegna del Veltro, Parma, 2008, p. 92.

nos movimientos y líderes directamente implicados en las revueltas del año 2011 en el Norte de África y Oriente Medio (...) han recibido adiestramiento y financiación por parte del *International Republican Institute*, del *National Democratic Institute* y de la *Freedom House*[201]». Esta última organización, en particular, en el año 2010 acogió en Estados Unidos a un grupo de activistas egipcios y tunecinos para enseñarles a «extraer beneficio de las oportunidades de la red a través de la interacción con Washington, las organizaciones internacionales y los *mass media*»[202].

También el *National Endowment for Democracy* ha comunicado oficialmente, a través de su sitio informático[203], haber destinado en el año 2010 más de un millón y medio de dólares a organizaciones egipcias implicadas en la defensa de los «derechos humanos» y en la promoción de los valores democráticos: 21.000 dólares americanos al *Democratic Forum for Youth*, 25.000 dólares al *Egyptian Democratic Academy*, 89.000 a la *Freedom House*, 55.000 al *Ibn Khaldun Center for Development Studies*, más de un millón de dólares al *Center for International Private Enterprise*, 35.000 dólares al *Egyptian Democracy Institute*, 23.000 dólares al *El-hak Center for Democracy and Human Rights* y 25.000 dólares al *Human Development Association*. Otras financiaciones del NED han sido destinadas a Túnez (213.000 dólares, repartidos entre el *Center for International Private Enterprise* y el *Mohamed Ali Center for Research Studies and Training*), en Libia (145.000 dólares: la mitad de éstos al *Akhbar Libya Cultural Limited* y la otra mitad al *Libya Human and Political Development Forum*), en Siria (148.000 dolares para *Human Rights* y 400.000 por el *International Republican Institute*), en Yemen (674.000 dólares repartidos entre varias organizaciones implicadas en la defensa de los derechos humanos). A las financiaciones del NED y de otras entidades estatales americanas se han sumado los fondos asignados por la *Open Society Foundation* de George Soros, que en el año

---

[201] *U.S groups Helped Nurture Arab Uprising*, «The New York Times», 15 de abril de 2011.

[202] *New Generation of Advocates: Empowering Civil Society in Egypt*, del sitio de *Freedom House* (`www.freedomhouse.org`).

[203] `www.ned.org`

2010 financió organizaciones y movimientos en todo el mundo árabe y, en particular, en Egipto y Túnez. Si entonces tomamos el año 2009 y nos limitamos a considerar a Egipto, el balance de los fondos del USAID destinados a las organizaciones democráticas y derecho-humanistas llega a acumular una cantidad de 62.334.187 dólares[204]. Una cifra enorme, que en Egipto es superada solamente por cien millones de dólares donados por el Emirato de Qatar a los Hermanos Musulmanes[205].

El movimiento subversivo financiado por Estados Unidos ha destruido los gobiernos de Túnez y de Egipto, y gracias a la intervención militar occidental se ha apoderado de Libia; sin embargo no ha llegado a derrotar al gobierno sirio, pese el recurso del terrorismo, la lucha armada y el apoyo británico, francés, turco y qatarí. En Argelia, el proyecto de desestabilización del país se ha visto obligado a apuntar, especialmente, a las pulsiones secesionistas bereberes, porque los argelinos, más allá de no haberse repuesto del todo del trauma de una guerra civil que ha causado 200.000 muertos, han asistido directamente a los efectos catastróficos producidos por la «primavera árabe» en Libia.

En cualquier caso, el mundo árabe ofrece a los subversivos occidentales amplias posibilidades de maniobra, porque no solamente colaboran con ellos las minorías «iluminadas», colaboradoras de los derechos humanos, del Estado laico y de la democracia capitalista, sino también movimientos y grupos que se reivindican formalmente en el Islam, y que deberían, teóricamente, ser hostiles a la intrusión occidental. Sin embargo, cuando procedemos a examinar más de cerca la identidad de los movimientos integristas, se puede constatar fácilmente que cuando no se trata de residuos del viejo colaboracionismo anglófilo (como los sanusíes líbicos) su matriz ideológica es generalmente reconducible hacia corrientes heterodoxas (wahabitas y salafistas); las cuales, siendo hostiles al Islam tradicional y visceralmente enemigas del Islam chiita, reciben el apoyo político y la generosa ayuda económica de las monarquías petrolíferas aliadas

---

[204] Alfredo Macchi, *Rivoluzioni S.p.A*, Alpine Studio 2012, p. 282.
[205] Alfredo Macchi, op. cit., p. 208.

con Occidente y la entidad sionista. Entonces es posible compartir el diagnóstico de quien afirma que el objetivo de los «islamistas» no se encuentra en la instauración de un orden islámico, sino en una versión islamizada de la cultura occidental: «todos estos neofundamentalistas, bien lejos de encarnar la resistencia de una autenticidad musulmana, enfrentada a la occidentalización, son al mismo tiempo producto y agentes de la deculturación en un mundo globalizado[206]».

Un caso ejemplar viene representado por el movimiento «fundamentalista moderado» de los Hermanos Musulmanes, el resultado más consistente de aquella línea reformista que, inaugurada por Muhammad Ibn 'Abd al-Wahhâb (1703-1792), asumió junto con Jamâl ad-Dîn al-Afghânî (1838-1897) y con Muhammad 'Abduh (1849-1905) formas abiertamente occidentalizadas y antitradicionales. No obstante, pese a los aspectos equivocados de su comportamiento durante el periodo de Nasser, los Hermanos Musulmanes han sido incluidos en la lista negra del *National Security Council*. Sin embargo, desde entonces, si no ya en los años Ochenta durante la guerra de Afganistán, seguramente después del 11 de septiembre del año 2001, la relación entre los Hermanos y Estados Unidos ha cambiado. También se podrá sonreír ante las furibundas invectivas de Gadafi[207], o ante las revelaciones del diario libanés «Al-Dinar» sobre los encuentros de David Petraeus con los líderes del movimiento, pero es un hecho cierto que en julio del año 2011 Hillary Clinton declaró querer instaurar una nueva relación con la Hermandad, la cual tenía y tiene «un impacto significativo y creciente sobre el Islam en América[208]», tanto es así que el 10 de enero de 2012 el portavoz de

---

[206]Olivier Roy, *Généalogie de l'islamisme*, Hachette, París 2001, p. 10.

[207]«¿Aquellos que hoy se llaman Hermanos Musulmanes? (...) Son siervos del imperialismo. Son la derecha reaccionaria, los enemigos del progreso, del socialismo y de la Unidad árabe. Son una panda de matones, embusteros, inmundos, fumadores de hachís, beodos, vellacos y delincuentes. He aquí lo que son los Hermanos Musulmanes. Todo aquello ha hecho de ellos los siervos de América. Quien pertenecía a la facción de los Hermanos Musulmanes, hoy se avergüenza de decirlo. Se han convertido en algo marchito, sucio y detestado por todo el mundo árabe y en todo el mundo musulmán» (Christian Bouchet, *Islamisme*, Pardès, Puiseaux, 2002, p. 77).

[208]Karim Mezran, *La Fratellanza musulmana negli Stati Uniti, en: I Fratelli*

la organización, Ahmed Sobea, oficializó la noticia de un coloquio de miembros de la Hermandad con Willian Burns, número dos del Departamento de Estado, y con el asistente secretario Jeff Feltman. Hablando a los estudiantes de la Universidad de Georgetown, los miembros de la delegación afirmaron: «Estamos aquí porque reconocemos la función realmente importante de los Estados Unidos en el mundo, y querríamos que nuestras relaciones con ellos fuesen mejores de cuanto lo son ahora. Nuestros principios son universales: libertad, derechos humanos y justicia para todos[209]».

Por otro lado, los Hermanos Musulmanes parecen haber tenido en una época una relación más estrecha con Inglaterra. De hecho, en Londres el exiliado tunecino Rashid al-Ghannushi ha fundado Al-Nahda: en Londres vive Tariq Ramadan[210], nieto del fundador de la organización y consejero del gobierno británico para las cuestiones relacionadas con el extremismo islámico; Londres fue elegida como destino para el exilio del multimillonario Khayrat al-Shater, designado por los Hermanos como candidato para las presidenciales egipcias, el cual «se reunió con Hillary Clinton, decenas de políticos, diplomáticos y financieros de Wall Street[211]».

Sobre la misma longitud de onda de los Hermanos Musulmanes se coloca el AKP (Partido de la Justicia y el Desarrollo), la fuerza turca de gobierno que, por un lado, trata de conciliar la identidad islámica con la democracia liberal y la pertenencia al bloque occidental, mientras que, por otro lado, trata de dotar a Turquía de una función hegemónica en el área que pertenecía al Imperio otomano. En el proyecto «neo-otomano» que se deriva de éste, sin embargo, la función regional de Turquía como guía demo-islámica parece

---

Musulmani nel mondo contemporaneo, editado por Massimo Campanini, Karim Mezran, UTET, Turín, 2010, p. 195.

[209]Daniele Raineri, *Vecchia spia al Cairo. Fratelli musulmani in tour in America per convincere Washington. Il salafita fuori gara*, «Il Foglio quotidiano», 10 de abril de 2012.

[210]Véase *Intervista a Tariq Ramadan*, entrevistado por Claudio Mutti, «Eurasia», n° 1/2010.

[211]Cecilia Zecchinelli, *Il milionario islamico che vuole guidare l'Egitto*, «Corriere della Sera», 2 de abril de 2012.

condenada a permanecer instrumentalmente inscrita en la estrategia atlantista del dominio mediterráneo —como ha demostrado la complicidad turca con la subversión libia y siria— y a explicarse en la forma de un deuteragonismo subordinado a los diseños de Ultramar. Por otro lado, la decisión turca de promover los fermentos «primaverales» del mundo árabe se arriesgaría a provocar un choque con Rusia y con Irán, arruinando todo el trabajo realizado por los políticos de Ankara para establecer buenas relaciones con estas dos potencias. Hasta que Turquía no se decida a cortar el nudo que la vincula a la Alianza Atlántica (y a la entidad sionista), el «neo-otomanismo» será solamente una parodia caricaturesca de aquella función imperial que, por el contrario, podría ser desarrollada en el área mediterránea por una Turquía solidaria con las potencias eurasiáticas.

Un discurso análogo es válido para el mundo musulmán de lengua árabe, que las centrales de la subversión sectaria querrían alejar de su modelo tradicional, para vincularlo, en una unión antinatural, con el modelo de la democracia liberal propuesto por Occidente como el único posible e imaginable. La elección que se impone a Árabes y Turcos es entonces la misma: o con Eurasia o con Occidente.

Capítulo XI

El lobo gris en la encrucijada

Turquía y Europa

La región conocida con el nombre greco-bizantino de Anatolia («tierra de Levante») en la Antigüedad fue considerada parte integrante de Europa: de hecho, Heródoto[212] fija el límite oriental de Europa sobre el río Fasi, cerca de los actuales puertos georgianos de Poti y Batumi. En el Medievo Dante señala «el extremo de Europa[213]» cerca de los montes de Asia Menor, desde los cuales, después de la destrucción de Troya, el Águila imperial elevó el vuelo hacia Italia. Para la geografía moderna, la península anatólica es la propagación más occidental de Asia; sin embargo, algunos geógrafos la consideran la cuarta península del Mediterráneo, dada su posición análoga a aquella de las penínsulas ibérica, italiana y griega.

Bajo el perfil étnico, el pueblo turco radicado en la península anatólica constituye el resultado de una síntesis que ha envuelto a pueblos de diverso origen. Desde la Antigüedad, Anatolia ha sido habitada por poblaciones de lengua indoeuropea: Hititas, Frigios, Lidios, Licios, Pánfilos, Armenios, Celtas etc. Con la llegada de los Turcos Selyúcidas y posteriormente de los Turcos Otomanos, tuvo

---

[212]Heródoto, IV, 45.
[213]Dante, Par. VI, 5.

lugar la fusión del elemento autóctono con aquel turánico, de tal modo que hoy existe en Turquía «un tipo medio, que es considerado más de rasgos europeos que asiáticos[214]». En otras palabras, los Turcos de la Anatolia, «son en su mayor parte európidos purísimos, que con el tiempo han pasado a usar una lengua turca por obra de los conquistadores centro-asiáticos[215]».

La lengua oficial de Turquía, el turco otomano (*osmanli*), como todas las lenguas turco-tártaras pertenece al grupo altaico. Por ello se trata de una lengua no indoeuropea, así como no son indoeuropeas otras lenguas habladas desde hace siglos en Europa: las lenguas turco-tártaras de Rusia, las lenguas caucásicas, el vasco, las lenguas ugro-finesas (el húngaro, el finlandés, el estonio, el careliano, el lapón, el mordviniano, el ceremiso, el komi, el votiaco etc).

La religión profesada por casi todo el pueblo turco es el Islam, presente en Europa hasta finales del siglo VIII d.C. Turquía es musulmana así como lo han sido España, Francia meridional y Sicilia; como lo son algunas regiones de Rusia, del Cáucaso y de los Balcanes; como lo es hoy una parte de la población de Europa, donde el número total de musulmanes supera ya los diez millones de almas.

La dinastía que gobernó el Imperio Otomano hasta su caída fue, en esencia, una dinastía europea, en la cual la proporción de sangre turca disminuía con cada generación, porque la *valide* (la madre del Sultán) era griega, eslava, circasiana o también italiana. En un cierto sentido, se podría decir que los Sultanes otomanos eran «más europeos» que los reyes húngaros de la dinastía de Árpád, turánicos por parte de padre y de madre. En cuanto a la clase dirigente otomana, fueron innumerables los visires, los funcionarios políticos y los oficiales del ejército pertenecientes a los pueblos balcánicos. Los propios jenízaros, la élite militar del Imperio, no eran de origen turco.

El pontífice Pío II, en la carta enviada en el 1469 a Mehmed el Conquistador, reconocía al Sultán como «emperador de los Griegos» *de facto*, en cuanto era sucesor de los basileus de Bizancio y

---

[214]R. Biasutti, *Le razze e i popoli della terra*, Utet, Turín 1967, vol. II, P. 526.
[215]S.Salvi, *La mezzaluna con la stella rossa*, Marietti, Génova 1993, p. 60.

de los emperadores de Roma: «*Fuerunt Itali rerum domini, nunc Turchorum inchoatur imperium*». De modo que el Papa Enea Silvio Piccolomini proponía al Conquistador transformar la situación *de facto* en un estado *de jure*, haciéndose nombrar por él «emperador de los Griegos y del Oriente» mediante... «un poco de agua (*aquae pauxillum*)». Pero, mientras otro príncipe «pagano», el magiar Vajk, se había hecho bautizar con el nombre de Esteban y había recibido del Papa Silvestre II la corona real, Mehmed, por su parte, se mantuvo como Mehmed y transmitió a sus sucesores aquella autoridad imperial que, golpeada por la ordalía de mayo de 1453, había sido rápidamente reconocida por Europa de manera explícita y oficial. Según la República de Venecia, de hecho, Mehmed II era emperador de Constantinopla, de tal modo que le pertenecían en derecho todos los territorios del imperio bizantino, comprendidas las viejas colonias griegas de Puglia (Brindisi, Taranto y Otranto).

Por lo que respecta a Florencia, Lorenzo el Magnífico hizo acuñar una medalla sobre la cual, junto a la imagen de Mehmed el Conquistador, se podía leer: «*Mahumet, Asie ac Trapesunzis Magneque Gretie Imperat(or)*»; donde por *Magna Gretia* se debía entender Bizancio con su vasta base europea. Otras dos medallas, que hablaban también en un lenguaje inequívoco sobre el carácter revestido por parte del *imperium otomano*, fueron hechas acuñar en 1481 por Fernando de Aragón; las inscripciones calificaban a Mehmed II como «*Asie et Gretie imperator*» y «*Bizantii imperator*».

«Hecho como los Romanos para dirigir a los pueblos, según la afirmación del antiguo poeta, (el turco) ha gobernado viejos pueblos civiles en el respeto de de sus tradiciones y de sus ambiciones milenarias[216]». Así el Imperio otomano, sustituyendo al Imperio Romano de Oriente, fue «la última hipóstasis de Roma (...) la Roma musulmana de los Turcos[217]», o «un Imperio romano turco-musulmán[218]». La Turquía otomana fue por ese motivo una potencia europea, co-

---

[216]R. Grousset, *L'empire des steppes*, Payot, París, 1939, p. 28.

[217]N. Iorga, cit., en I.Buga, *Calea Regelui*, Bucarest 1998, p. 138.

[218]A. Toynbee, *A Study of History*, Londres-Nueva York-Toronto 1948, vol.XII, p. 158.

mo, por otro lado, fue oficialmente reconocido por los mismos representantes de los Estados europeos en el congreso de París de 1856, cuando Turquía se convirtió en «el gran enfermo de Europa».

Un siglo y medio más tarde, el Estado turco ya no es el gran enfermo de Europa, sino que, por el contrario, disfruta de un estado de salud mejor que aquel de muchos países europeos. Sin embargo, pese a ser candidata desde 1999 a ingresar en la Unión Europea, Turquía está siendo mantenida en cuarentena durante un tiempo indeterminado. Su adhesión a la Unión, fijada para el 2015, es cualquier cosa menos segura.

Turquía y Asia

El primer asentamiento de un pueblo turco sobre territorio anatólico tuvo lugar después de la Batalla de Melashgert, acontecida el 26 de agosto de 1071, en la cual las tropas dirigidas por Romano Diogene fueron derrotadas por los guerreros Selyúcidas de Alp Arslan. Con estos primeros invasores turcos también llegaron a Anatolia los Turcos otomanos, a los cuales fue inicialmente asignada una marca de frontera entre los territorios Selyúcidos de Frigia y de Galazia y la provincia de Bitinia, todavía bajo el control bizantino; el debilitamiento selyúcida favoreció el nacimiento del imperio otomano.

Pero ya antes de los Selyúcidas y los Otomanos llegaron a Anatolia, entre los siglos VI y IX, distintos grupos turcos que se habían establecido en Europa. Los Jázaros habían fundado un imperio que, desde las orillas noroccidentales del Caspio, se extendía hasta Crimea; los Búlgaros habían constituido dos kanatos, en las cuencas del Volga y del Danubio; los Ávaros se habían extendido hasta Occidente desde Tisza; los Pechenegos habían ocupado las desembocaduras del Danubio; los Kipchak y los Cumanos se establecieron en el norte y en el nordeste del Mar Negro. Todavía antes, en el siglo IV, en los territorios del Imperio Romano habían aparecido los Hunos, que bajo la guía de Atila (muerto en el 453) habrían asumido entonces una gran potencia creando un imperio; ellos fueron descendientes, probablemente, de aquellos Hsiung-nu que durante algún siglo había amenazado al Imperio chino.

Selyúcidas y Otomanos, antepasados de los Turcos de la Anatolia y de los Azeries, constituyen una de las tres partes en las cuales se dividió, entre los siglos X y XII, la masa de las tribus turcas conocidas como Oguzos. La segunda, constituida inicialmente por los Uzi y los Pechenegos, viene representada hoy por los Gagáuzos (repartidos entre Ucrania, República de Moldavia, Rumanía y Bulgaria) así como por las varias comunidades turcas de los Balcanes. La tercera parte del grupo oguzo es aquella que, instalada en las cercanías del Mar de Aral, dio origen al pueblo de los Turkménidos.

Conviene tener en cuenta que los varios sistemas de clasificación de las lenguas y de los dialectos turcos propuestos por los turcólogos «son todos necesariamente artificiosos en el intento de reagrupar concreciones lingüísticas de diferente época[219]»; sin embargo es posible colocar el grupo oguzo en la rama occidental de la familia turca, a la cual pertenecen también los grupos búlgaro, kipchak y qarluk.

El grupo búlgaro, que en el Alto Medievo comprendía la lengua hablada por los Búlgaros del Volga y de la Kama, y la lengua cazara, es representado actualmente por el chuvasio, hablado sobre los territorios de tres repúblicas autónomas de la Federación Rusa.

El grupo kipchak aparece distribuido en tres subgrupos, el primero de los cuales pertenece a la lengua de aquellos Cumanos que, perteneciendo al Este de Europa en el siglo XI, en parte se establecieron sobre territorio húngaro; las lenguas vivas de este subgrupo son habladas por cerca de cinco millones de almas entre Lituania, Ucrania, el Cáucaso, Kirguistán y Uzbekistán. El segundo subgrupo está constituido por los Tártaros y los Baskirios. Entre las tres lenguas del tercer subgrupo, la más importante es aquella kazaja, lengua oficial de Kazajistán.

El grupo qarluk comprende, más allá de algunas lenguas antiguas y literarias, dos lenguas habladas en varios territorios del Asia central: el uzbeco (oficial en Uzbekistán) y el uigur moderno (oficial en la Región Autónoma de Hsinkiang).

---

[219] A. Bombaci, *La letteratura turca*, Sansoni-Accademia, Florencia-Milán, 1969, p. 17.

Por lo que respecta a la rama oriental de la familia turca, ésta comprende el grupo uigur-oguzo y aquel kirguiso-kipciak. Al primer grupo pertenecen junto a los otros idiomas, el tuvano hablado por la república homónima de la Federación Rusa, y el jakasio, que corresponde a las zonas más septentrionales y orientales del área turcófona (República Jakasia y la isla de Sajalín). En el segundo grupo, la lengua más difundida es el kirguís, que es hablado en Kirguistán, Tayikistán, Uzbekistán, Sinkiang, Afganistán y Pakistán.

Hecha la excepción por lo que respecta a la lengua hablada antiguamente por los Búlgaros, para el jakasio y el chuvasio, las lenguas turcas antiguas y modernas no difieren mucho entre ellas, de modo que resulta evidente la relación de afinidad lingüística que vincula a los Turcos de la Anatolia con otros pueblos turcos que viven en el continente eurasiático.

Perspectivas eurasiáticas

No es fácil establecer el lugar donde los antepasados de la gran familia turca han tenido su morada primitiva, desde la cual oleadas sucesivas de hordas nómadas partieron para invadir los territorios de China, India, Persia y Europa. Según las hipótesis formuladas por los estudiosos, la sede originaria de los Turcos debería coincidir con la zona de los Montes Altai o con la región comprendida entre los Altai, los Urales y el Ural, mientras que otros consideran que esta región se encontraría al norte de China, en la actual Yakutia; otros señalan la vasta área que va desde el desierto de Gobi hasta el curso del Volga.

La identificación del *Urheimat* turco con la región designada por el término persa Turan, al Norte de Irán, constituye el mito del origen del movimiento político-cultural conocido como panturanismo, que preconiza la unidad de los pueblos turcos. De la tesis panturanista, nacida en el cuarto decenio del siglo XX en el ámbito tártaro, se apropió Ármin Vámbéry[220], el cual la propuso a Gran Bretaña

---

[220]Ármin Vámbéry (pseudónimo de Hermann Bamberger) nació el 19 de marzo

como un instrumento ideológico a utilizar en el «Gran Juego»: una gran entidad política comprendida entre los Montes Altai y el Bósforo habría podido bloquear para siempre la vía de expansión rusa hacia Persia y los Dardanelos. Bien distinto fue el significado que el ideal panturánico asumió en los primeros años del siglo XX, cuando fue la Alemania guillermina, aliada de Turquía, quien sostuvo el panturanismo y el panislamismo en el cuadro geoestratégico de un eje Berlín-Viena-Estambul-Bagdad que ponía en riesgo la hegemonía colonial británica.

También Samuel Huntington ha tomado en seria consideración la eventualidad de que, poniéndose «a la cabeza de una comunidad de naciones turcas[221]», Turquía «se redefina como país líder del mundo islámico[222]» y persiga «siempre más intensamente los propios intereses particulares en los Balcanes, en el mundo árabe y en Asia central[223]». El teórico del «choque de civilizaciones» ha resumido en los siguientes términos las iniciativas emprendidas por Ankara en clave turánica inmediatamente después del colapso de la Unión Soviética: «El presidente Özal y otros líderes turcos comenzaron a anhelar la creación de una comunidad de pueblos turcos y dedicaron grandes esfuerzos para desarrollar vínculos con los "turcos externos" del ex-imperio "desde el Adriático a los límites con China". Particular atención se ha prestado a Azerbaiyán y a las cuatro repúblicas

---

de 1832 en el seno de una familia hebrea que se había establecido en Szentgyörgy, en las proximidades de la actual Bratislava. Después de haber estudiado turco, en 1857 viajó a Estambul, donde permaneció hasta 1861. Una vez partió hacia el Asia Central, se hizo pasar por derviche y llegó a Khiva, Bukhara y Samarcanda. Una vez regresado a Pest, se marchó posteriormente a Londres, donde, por los servicios prestados a Gran Bretaña fue nombrado miembro honorario de la *Royal Geographical Society* y fue recibido por la corte real inglesa. En el 2005 los Archivos nacionales de Kiev revelaron que Vámbéry trabajó para el *British Foreign Office* como agente y espía en el «gran juego» en Asia central. En 1900-1901 se comprometió a facilitar a Theodor Herzl una audiencia con el Sultán Abdülhamid II. Murió el 15 de septiembre de 1913.

[221] S.P.Huntington, *Lo scontro delle civiltà e il nuovo ordine mondiale*, Garzanti, Milán, 2001, p. 211.

[222] S.P.Huntington, op.cit., p. 234.

[223] S.P.Huntington, op.cit., *ibidem.*

centroasiáticas de lengua turca: Uzbekistán, Turkmenistán, Kazajistán y Kirguistán. En 1991 y 1992 Turquía puso en marcha una
amplia gama de iniciativas encaminadas a reforzar los vínculos y a
acrecentar la propia influencia en estas nuevas repúblicas: préstamos
a largo plazo y a un interés privilegiado (...), asistencia humanita-
ria (...) televisión vía satélite (...) redes telefónicas, servicios aéreos,
miles de becas para estudiar y cursos de formación en Turquía para
banqueros, emprendedores, diplomáticos y oficiales centroasiáticos
y azeries. Se enviaron profesores de lengua turca y han nacido cerca
de dos mil empresas mixtas. La comunidad cultural, ciertamente,
ha ayudado a las relaciones económicas[224]».

En la elaboración geopolítica de Ahmet Davutoğlu[225], consejero diplomático de Erdoğan, que llegó a ser ministro de Exteriores
de Erdoğan en 2009, la comunidad de los pueblos turcos ocupa un
puesto fundamental: «El imperio de las estepas, la Horda de Oro,
desde el Mar de Aral hasta la Anatolia es un punto firme de su
pensamiento. Turquía tiene todo el interés en vivificar esta vocación
continental y de acercarse al grupo de Shanghai bajo la dirección de
China y Rusia[226]». La lentitud con la cual proceden los negociado-
res para la adhesión a la Unión Europea ha sido determinante para
impulsar a Ankara en la dirección teorizada por Ahmet Davutoğlu,
el cual firmó en abril del 2013 un protocolo de entendimiento que
hace de Turquía un «miembro dialogante» de la Organización para
la Cooperación de Shanghai. «Ahora, con esta elección, —ha declarado Dmitrij Mezencev, secretario general de la Organización—
Turquía afirma que nuestro destino es el mismo que el de los Países
de la Organización para la Cooperación de Shanghai». Y Davutoğlu
ha afirmado a tal respecto: «Turquía formará parte de una familia
compuesta por países que han vivido juntos no durante siglos, sino
milenios».

La decisión turca de agregarse a la Organización de Shanghai,

---

[224]S.P.Huntington, op.cit., p. 210.

[225]A.Davutoğlu, *Strategik derinlik* (Profundidad estratégica), Kure yayinlari,
Estambul, 2008.

[226]T. Josseran, *La nouvelle puissance turque. L'adieu à Mustapha Kemal*,
Ellipses, París, 2010, pp. 42-43.

núcleo de un potencial bloque de alianza eurasiática, podría dar lugar a importantes desarrollos. De hecho, la política de acercamiento a Moscú, Pekín y Teherán, coherentemente perseguida, se revelaría como incompatible con un «neootomanismo» que torpemente oculta una función subimperialista, funcional a los intereses hegemónicos estadounidenses. No solo, sino antes o después, Turquía podría poner seriamente en discusión la propia pertenencia a la Alianza Atlántica y rescindir los vínculos con el régimen sionista, si entendiese como creíble proponerse como punto de referencia para los países musulmanes del Mediterráneo y del Próximo Oriente. Y no se puede excluir la posibilidad de que un escenario tal pueda inducir a Europa misma a la asunción de responsabilidades, incitándola a reanudar aquella alianza con Turquía que Alemania y Austria-Hungría habían establecido al comienzo del siglo pasado...

Börteçine, el lobo gris que guió a los Turcos hacia Anatolia, hoy se encuentra en una encrucijada. No se trata de elegir entre Europa y Asia, sino entre Occidente y Eurasia.

Biografía de Claudio Mutti

Claudio Mutti

CLAUDIO Mutti (Parma, 1946) es un profesor retirado de Latín y Griego Antiguo.

Como investigador en el ámbito del folclore húngaro ha editado algunas colecciones de leyendas y cuentos de hadas.

Sus ensayos sobre Mircea Eliade y la Guardia de Hierro han sido traducidos en alemán, francés, español, portugués, rumano y griego.

También es fundador de la casa editorial *Edizioni all'insegna del Veltro* y editor jefe de la revista geopolítica *Eurasia*.

En la última década ha escrito los siguientes libros: *L'unità dell'Eurasia* (2008), *Gentes: Popoli, territori, miti* (2010), *Esploratori del Continente: L'unità dell'Eurasia nello specchio della filosofia, dell'orientalistica e della storia delle religioni* (2011), *A domanda... risponde* (2013), *Saturnia regna. Monoteismo solare e teologia dell'Impero* (2015), *Hungarica: Incursioni nel mito e nella storia dei Magiari* (2017).

Hipérbola Janus
Otros títulos publicados
DISPONIBLES EN FORMATO FÍSICO Y DIGITAL

🌐 www.hiperbolajanus.com ✉ hiperbolajanus@gmail.com

El falseamiento del Yihad y de la tradición islámica *Solimano Mutti*

El mundo islámico es, en la actualidad, el sujeto ideológico «de moda» que se encuentra en el centro de todos los debates y enfrentamientos a nivel global. Esta situación no es casual ni obedece al azar de la historia, sino que está en estrecha conexión con la inestabilidad y conflictos que han convertido a Oriente Próximo en un polvorín permanente, especialmente desde la segunda mitad del siglo XX (más concretamente desde los años 70, con la crisis del petróleo). Ante estas circunstancias cabe preguntarse ¿hasta qué punto conocemos el contenido y la esencia de la doctrina islámica?

El ensayo que el lector tiene en sus manos, está enfocado hacia un estudio íntegro de contrastación para deducir si esta situación por la que atraviesa desde hace medio siglo (con sus obvios precedentes desde el siglo VII) el mundo islámico, se debe a la naturaleza religiosa e ideológica del Islam, o por el contrario, se debe a otros factores externos como la injerencia de potencias extranjeras dentro de ciertos sectores del mundo islámico.

La geopolítica de Rusia *Aleksandr G. Duguin*

Este libro nos presenta el análisis geopolítico de Rusia desde el final de la Primera Guerra Mundial (1917-1918) hasta la actualidad más reciente.

De forma sencilla y sistemática se podrá entender —desde el punto de vista geopolítico— el desarrollo de los acontecimientos que llevaron al surgimiento y caída de los diferentes regímenes políticos que han dirigido los destinos de Rusia en los últimos cien años. Cómo cayó el Imperio, cómo se levantó y se derrumbó la Unión Soviética, y cómo se dio paso al presente sistema federal de Rusia. Además, a lo largo de la trayectoria histórica, nos permite ver la aplicación práctica de algunos conceptos geopolíticos fundamentales.

Estamos ante una obra clave que nos da las bases para entender el comportamiento de Rusia en el escenario internacional actual y, además, poder prever futuros movimientos y futuros acontecimientos del país más extenso del mundo. Con ellos podremos, por lo tanto, aprender mucho más sobre el mundo que nos ha tocado vivir y sus dinámicas.

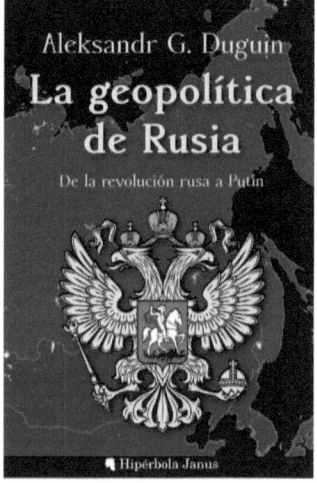

Desde hace ya algunos años el término Eurasianismo ha cobrado una fuerza y un impulso inusitado. Desde que la Federación Rusa pareció renacer de sus cenizas bajo el mandato de Vladimir Putin, tras una década de liberalismo postsoviético, las tesis del eurasianismo han vuelto a sonar con fuerza entre politólogos analistas internacionales. Detrás de esta doctrina encontramos a su creador, Aleksandr Duguin, líder del movimiento eurasianista, filósofo y politólogo de reconocido prestigio. ¿Qué sabemos del eurasianismo? ¿Qué tiene de específico y fundamental y por qué irrumpe con tanta fuerza en los tiempos actuales? Estas y otras cuestiones de mayor calado y profundidad son analizadas por el autor desde su perspectiva particular y aquella de la escuela a la que representa.

En este libro el lector no encontrará solamente las claves del eurasianismo como tal, sino que también tendrá acceso al revisionismo, desde un particular enfoque, de las fundamentales cuestiones político-ideológicas que nutrieron el pasado siglo XX, desde el marxismo, los fascismos o el propio liberalismo, vigente en nuestros días, sirviéndose de sus principales figuras, como es el caso de Karl Popper.

Cibergeopolítica, organizaciones y alma rusa _Leonid Savin_

En este mundo cada vez más globalizado, las cuestiones mundiales parecen estar muy cercanas a los quehaceres de las gentes, es por eso que se remarca la importancia del saber ser y del saber estar; lo que en el presente libro significa saber organizarse y saber ubicarse geopolíticamente.

Lejos, hacia el este, hay un país llamado Rusia que cada vez nos parece más cercano: Aparece con mucha frecuencia en las noticias. Pero. . . ¿Qué es Rusia? ¿De qué se compone? Aquí podrán descubrir qué se halla, por un lado en la cultura rusa a través de su idioma, y de sus diferentes religiones entre las que destaca el Cristianismo Ortodoxo, y por otro lado, en las claves estratégicas de la geopolítica rusa actual.

Sin duda, este libro contiene una interesante variedad temática, debidamente entrelazada, que nos muestra temas y eleva cuestiones hasta ahora muy poco vistas en lengua castellana.

Hipérbola Janus

www.hiperbolajanus.com

www.ingramcontent.com/pod-product-compliance
Lightning Source LLC
Chambersburg PA
CBHW020523290526
45786CB00002B/729